精准健身

正确动作雕出完美线条

Golden高超 编著

中国轻工业出版社

自序
PREFACE

在我看来，健身是一项很好的投资。同时，我也深刻地体会到：不适合自己的运动方式可能还会起到反作用，这点对于“健身小白”来说尤为重要。正确的引导不仅会让健身者少走弯路，还有助于达成目标。

健身给人带来的改变数不胜数，健康的体格，自信的状态，这也是我踏进这个行业的初衷。专业、系统的学习和近20年的健身教学经验，都让我受益匪浅。

在这本书中，我介绍的每一个动作都是大家见过或练过的，但希望作为读者的你能吃透每一个动作细节，每一次都能按照书中的方法科学地健身。同时也希望你与他人分享这些健身知识，让更多的人从中受益。

我还想真诚地告诉大家，不要向懒惰低头，不要放弃健身。我真诚地祝愿每一位爱健身的朋友，通过运动让自己变得更健康、更快乐。

传递健康、传递快乐是我会一直做下去的事。感谢所有支持我的“铁粉”们，是你们的每一句留言激励我不惧困难勇敢前行。

目录 | CONTENTS

Part 1
想要打造完美身材，必须了解的小知识

Part 2
运动前必须了解的几件事

Part 3
颈部训练动作

Part 4
肩部训练动作

Part 5
背部训练动作

Part 6

胸部训练动作

Part 7

上肢训练动作

Part8

腰腹部训练动作

Part9

臀部训练动作

Part10
腿部训练动作

Part 1

想要打造完美身材，必须了解的小知识

想要打造完美身材、健康塑形和减脂，需要综合考虑饮食、运动、作息等多方面因素，只有掌握这些小知识，坚持科学的方法并保持良好的生活习惯，才能取得好的减肥效果。

饮食是塑形和减脂的关键，运动是塑形和减脂的重要手段，在制定减脂计划前先了解几个关键问题，有助于减脂行动的顺利进行。

Q1 为什么说“吃、练、睡”在减脂过程中十分重要？

在减脂期间要注意避免食用脂肪含量高的食物，比如肥肉、油炸食品、反式脂肪酸含量高的食品，建议尽量多吃些低热量、富含蛋白质、维生素、膳食纤维的食物，例如冬瓜、芹菜等，有助于减轻胃肠道的负担，可以加速胃肠道蠕动，对减脂有一定的辅助作用。

要通过有氧运动和力量训练结合锻炼的方式，从而保持身体脂肪的持续燃烧，达到减脂的目的，游泳、慢跑、骑自行车等健身项目都可以，选择一项自己能长期坚持的运动才是最重要的。

充足的睡眠很重要，但也是最容易被我们忽视的，睡眠可以提高身体的免疫力，让体内激素达到正常分泌的状态，如果经常熬夜，易导致内分泌紊乱，激素水平也会失衡，身体就会容易发胖。

Q2 减肥的核心原则是什么？

减肥最核心的原则是摄入的热量小于消耗的热量，简而言之就是每天要控制总热量的摄入。

低热量膳食、保证蛋白质摄入是减肥饮食的基本要求，通过减少高热量食物的摄入，如高糖、高脂肪和高盐食物，可以有效降低热量的摄入。

限制碳水化合物①的摄入：碳水化合物是人体主要的能量来源，但过多摄入会导致体重增加。因此，减肥饮食中应限制碳水化合物的摄入，特别是精制糖和添加糖的摄入。适当控制主食的摄入也是一种减少碳水化合物摄入的方法。

注①：有机物合物的一类，可分为单糖、多糖、双糖，是人体内产生热能的主要物质，如葡萄糖、蔗糖、乳糖、淀粉等。

保证蛋白质摄入：蛋白质是维持生命活动不可或缺的营养素。在减肥过程中，保证蛋白质的摄入有助于维持肌肉量和基础代谢率，从而减少体重反弹的可能性。但需要注意的是，摄入过多的蛋白质也会在人体中转化成脂肪，因此需要根据个人情况进行适当控制。

严格控制脂肪摄入：脂肪是高热量的食物，过多的脂肪摄入会导致体重增加。因此，减肥饮食中应严格控制脂肪的摄入，尤其是饱和脂肪和反式脂肪的摄入。建议选择健康的脂肪来源，如橄榄油、鱼类和坚果等。

Q3 有助于减脂的健康饮食有哪些？

减脂过程中要“七分吃，三分练”，学会吃是至关重要的。在搭配食物时，正确的饮食方案不仅可以控制热量摄入，还有助于加速脂肪分解。下面推荐的这些食物可以帮助你有效减脂。

水煮蛋

鸡蛋是一种非常有营养的食物，水煮蛋热量低，饱腹感强，而且蛋白质含量高，可以帮助身体增加肌肉质量，进而提高新陈代谢，有助于燃烧更多的脂肪。但是，蛋黄中胆固醇含量较高，不宜长期、过量食用。

鸡胸肉

鸡胸肉是一种低脂肪、高蛋白的食物，含有丰富的维生素和矿物质，可以帮助人体维持正常的生理功能，有助于肌肉的生长和修复。鸡胸肉的饱腹感也很强，可以减少其他食物的摄入。

虾

虾是一种低脂肪、高蛋白、低热量的食物，含有丰富的维生素和矿物质，对需要保证蛋白质摄入的减肥人群来说可谓“两全齐美”。虾可以直接水煮，或者清蒸，营养全面，饱腹感强，是减脂期不可错过的食材。

海鱼

海鱼是一种富含不饱和脂肪酸的食物，不饱和脂肪酸有助于降低胆固醇、减少心脏病的患病风险。与此同时，海鱼还含有丰富的蛋白质和多种维生素及矿物质，能够满足身体所需的营养，不容易转化为脂肪堆积。

西蓝花

西蓝花富含维生素和矿物质，且热量很低。它还含有丰富的膳食纤维，可以清洁肠道，能够有效清除肠道内的垃圾和多余油脂。西蓝花还含有一种叫做丙醇二酸的物质，能够抑制脂肪合成，还能分解脂肪。

温开水

水是生命之源，减肥的过程中身体的许多代谢都需要水的参与。在减脂期间，充足的水分摄入不仅可以减少口渴感，而且可以帮助身体代谢脂肪。此外，温开水还有助于改善肠道功能，减少便秘的发生，对身体健康非常有益。

Q4 为什么有的人一吃就胖?

除去遗传的原因，那一定就是不良的生活方式导致的，比如缺乏运动、长时间久坐、睡眠不足、饮食速度过快、摄入过多不健康的食物等都会导致消耗的热量过少。如果消耗的能量少于摄入的热量，那就会导致体重增加。摄入高热量、高脂肪、高糖分的食物，很容易导致摄入的热量超过身体的能

量需求，多余的热量转化成脂肪囤积于体内，致使体重增加。这样的食物还有一个特点，即体积小、热量高，例如各种甜点和精加工的食品。

情绪在减肥的过程中也有着很重要的作用。当一个人情绪低落或长期处于高压状态时，会通过“吃东西”这种行为缓解压力和焦虑。因情绪问题导致的暴饮暴食、宿醉等都会导致体重的增加。

另外，每个人的代谢率也不同。基础代谢率较低的人摄入食物后热量的消耗会比正常人少，因而也就会更容易发胖。

延伸阅读：基础代谢率

基础代谢是指基础状态下的能量代谢。

基础代谢率（BMR）则是指基础状态下单位时间的能量代谢。

基础状态是指：人体处在清醒状态，静卧，无肌肉紧张，至少2小时以上无剧烈运动，无精神紧张，餐后12~14小时、室温20~25℃。一般说来，BMR的实际数值同正常的平均值比较，如相差在15%之内，无论较高或较低，均不属病态。相对值超过20%时，说明可能有病理性的改变。

不同的个体，能量代谢率是有差异的。研究表明，能量代谢率的高低与体表面积成正比。当然，除了体表面积外，基础代谢率还受其他因素影响，比如受试者的年龄、性别。当其他情况相同的情况下，男性的基础代谢率平均值比同龄的女性高（虽然男性基础代谢率比女性高，但是需要注意的是女性的体温通常高于男性），儿童的基础代谢率比成人高，随着年龄增长，代谢率会降低。

Q5 减肥期间体重为什么会反弹？

体重反弹是指在减肥期间成功减重后，体重在一段时间后重新增加的现象。这种反弹通常由以下三个原因导致：

1. 饮食和生活习惯的改变：当人们在减肥期间采取严格的饮食限制和限制性的减肥计划时，一旦恢复正常饮食习惯，往往会摄入更多的热量，导致体重回升。

2. 代谢调整：长期节食和快速减肥可能会导致身体的代谢适应（当热量摄入低于热量消耗时，身体进行的自我保护，新陈代谢会减慢，体重减慢的速度也会下降）。当恢复正常饮食后，身体会更有效地储存热量，导致体重回升。

3. 缺乏长期维持的计划：很多人在减肥期间专注于短期目标，而忽视了长期维持的计划。一旦达到目标体重后，他们可能放松了控制，恢复了不健康的饮食和生活习惯，导致体重反弹。

Q6 让减肥效果不反弹的小技巧是什么？

我推崇“不饿不吃”法则。

如果不感到饿，那说明身体还没有把之前摄入的热量消耗完，如果这时再吃，这些未消耗的热量会转化为脂肪囤积在体内。像现在很流行的“断食”、“轻断食”、“碳循环”、“16+8”等各种饮食方式，其实最终目的只有一个，那就是让我们摄入到体内的热量小于日常消耗的热量，这样减肥效果才能保持住，不会反弹。同时，我们也要保持良好的作息习惯，适当运动、正常作息，减少工作带来的压力，保证心态的轻松、愉快。

Q7 浓缩果汁和零卡食物真的好吗？

浓缩果汁主要包含糖分、维生素、矿物质和抗氧化物，这些成分对身体有多种益处，如增强免疫系统抗病能力、促进细胞代谢和提升身体机能，以及维护骨骼的健康和正常的生理功能。然而，浓缩果汁在制作过程中可能会损失一些营养素，如维生素C等抗氧化成分可能会在加工过程中流失。此外，由于浓缩果汁中的糖分含量较高，增加糖摄入量是食用浓缩果汁的一个副作用，对于有减脂需求的人群来说不太友好。

营养成分表

项目	每100克(g)	NRV%
能量	0千焦(KJ)	0%
蛋白质	0克(g)	0%
脂肪	0克(g)	0%
-反式脂肪酸	0克(g)	—
-蔗糖	0克(g)	—
碳水化合物	1.2克(g)	1%
钠	20毫克(mg)	1%
钙	20毫克(mg)	1%

零卡食物并不意味着完全没有热量，而是指其热量相对较低，因此不会导致过多的能量转化为脂肪。尽管零卡食物在理论上可以帮助控制体重，但它们的长期健康影响仍然需要进一步的研究和评估。

此外，某些零卡食物在制作过程中会添加其他成分，因此可能会有一定的热量。所以，消费者在购买零卡食物时应该仔细查看食品标签，以确保食品真正符合零卡的标准。

零卡食物可以作为健康饮食的一部分，尤其是在控制体重或管理热量摄入方面。然而，它们并不能完全替代正常饮食。因此，消费者在食用零卡食品时应该保持理性和谨慎。

Q8 健康的饮食结构是怎样的？

健康的饮食结构一定是综合的、全面的，碳水化合物、脂肪、蛋白质、维生素、矿物质、膳食纤维、水都不能少。人类是杂食动物，各种营养素混合摄入会降低血糖波动，同时也能降低胰岛素抵抗的风险，让身体中的血糖更平稳。不要过度执行单一的饮食结构，例如“生酮饮食法”就是我特别不推荐的一种饮食方式。“生酮饮食法”限制碳水化合物的摄入，提倡完全不吃主食，只吃高油类的食物，虽然有不少成功减重的案例，但也有不少人因此患上了心血管疾病。

尽量吃天然、未经加工或粗加工的食物，这对人体的健康更有益处。另外，在吃饭时最好要把顺序调整一下，先吃蔬菜，再吃蛋白质类食物，最后吃主食。按这样的顺序进餐后，血糖上升的值比先吃主食的小，可以很好地预防餐后血糖升高给胰腺带来的压力，同时对于控制体重也有很好的效果。

Q9 如何提高身体的代谢率？

运动方面，平时要进行规律运动，例如积极地进行有氧、力量训练，因为运动可以促进血液循环，血液循环加速之后就会增强身体的代谢能力。

饮食方面，注意补充足够的优质蛋白质，能够给身体提供足够的能量，同时蛋白质的摄入对于血糖的波动影响较少。

饮水方面，每天要保证充足的饮水量，每天喝2~3升的白开水有助于促进身体的血液循环，增强身体的代谢能力。但是要切记：碳酸饮料等高热量的饮料要少喝。

睡觉时人体的代谢速度会降低，所以晚餐的量要减少，并且吃晚饭的时间不宜过晚（不要在睡前1~1.5小时吃晚饭），同时要保证充足的睡眠，否则也会影响健康状况，降低身体代谢率。

Part 2

运动前必须了解的几件事

运动前还有很多事情也需要了解，如运动前的热身、运动后的拉伸、如何正确处理运动损伤等。总之，了解这些知识可以帮助你更好地进行运动，提高运动效果，减少运动损伤的风险。

Q4 有氧运动前应重点拉伸哪些部位？

有氧运动前，应先从足部开始拉伸，激活足弓，比如可以踩住一个小球滚动。然后使足背屈，提高足踝关节灵活性。接下来最重要的一点是彻底拉伸大腿后侧肌肉，因为有数据表明，在所有有氧运动中，大腿后侧肌肉拉伤的概率远远大于大腿前侧的肌肉拉伤的概率，所以大腿后侧肌肉（包括臀部）的拉伸和激活是不容忽视的。

跑步、跳绳、骑自行车等运动，全都属于全身运动，建议做完这类运动后，拉伸以下八块肌肉。

1．第一块，髂腰肌。

①保持身体正直，单腿大跨步。②同时手臂交叉后向上拉伸来锻炼髂腰肌。

2．第二块，大腿前侧的股四头肌。

①在拉伸这部分肌肉时，成单膝跪地姿势。②用跪地侧的手拉住同侧脚踝进行

提拉。③拉伸时要注意一个细节，保持骨盆后倾，即夹紧臀部（因为这其中有一块肌肉是跨双关节的）。

3．第三块，拉伸大腿后侧的肌肉。

①保持站姿，拉伸侧腿撑地站立，另一条腿直膝架在跳箱或台阶上。②躯干向前，拉伸大腿后侧肌肉。由于大腿后侧的

肌肉是跨双关节的，所以在拉伸的时候我们要保持骨盆前倾、屈髋。

4. **第四块，大腿外侧的阔筋膜张肌。**

这部分肌肉需要被充分拉伸，才不会让小腿在长期有氧运动中出现变形问题。

①身体侧躺，上侧腿屈膝踩在地面支持。②将泡沫轴放于伸直侧大腿下方进行按揉即可拉伸。

5. **第五块，大腿内侧肌肉。**

①侧向跨步进行肌肉拉伸。②此处有一个细节，即伸直侧腿的膝关节一定要朝脚尖方向，脚尖不能朝前，指向侧面天空。

6. **第六块，胫骨前肌。**

双膝并拢跪坐在足跟处，这样能最大程度拉伸胫骨前肌。

7. 第七块，臀大肌。

①拉伸时坐在瑜伽垫上，一条腿的膝关节成90°弯曲，另一条腿伸直后脚背朝向地面放于体后，脚尖保持正直状态。②双手按住地面进行拉伸，这样对膝关节造成的伤害才是最小的，或者说是最安全的。

8. 第八块，小腿肌肉。

①双腿成前后脚站立，一只脚脚跟抵住地面，另一只脚的脚尖顶住墙。②身体前倾去拉伸小腿，记住不能用膝盖往前顶。③也可以将筋膜球放于拉伸侧腿的足弓下面，通过“踩”的动作来拉伸小腿肌肉。

Q5 运动后及运动前应该怎样拉伸?

运动前后的正确拉伸，可以帮你最大限度拉伸肌肉的同时，避免拉伸带来不必要的损伤。一个完整的拉伸动作，需要有5个步骤。

1. 拉伸准备。

①拉伸大腿前侧，采用侧卧的姿势，身体侧卧在地上。②上面的大腿弯曲，上面的手抓住弯曲腿的脚背。

2. 拉伸到第一位置。

在第一步的基础上，手臂缓慢用力，直到大腿前侧出现明显的拉伸感（明显的拉伸感就是出现轻微的酸痛感）。

3. 放松拉伸的肌肉。

在上一步的基础上，尽量放松大腿前侧的肌肉，然后保持这个姿势15秒不动。

4. 拉伸到第二位置。

①在拉伸15秒之后，肌肉疼痛感会减弱，或者消失。②为了实现更好的拉伸效果，这个时候就需要加大拉伸的幅度，所有手臂再次用力，直到拉伸感再次出现。

5. 拉伸结束。

在第二拉伸位置尽量放松拉伸肌肉，然后保持20秒，这样就是一个完整的拉伸过程。

Q6 如何保证科学锻炼不受伤？

要想保证锻炼过程中不受伤，那就要注意以下几点。

锻炼前需进行充分的热身，也要做好保暖。因为人体的关节和结缔组织对温度的要求很高，如果没有进行充分热身，血液循环不够畅通，那肌肉就很容易拉伤；如果不注意保暖，那关节润滑液的分泌就会减少，导致运动过程中关节出现弹响和轻微磨损。所以充分热身和做好保暖是运动过程中保护关节的最重要的两个因素。

要掌握正确的训练方法。在进行力量训练时，应注意全面锻炼各个肌群，避免只锻炼视线内的肌肉而忽略对抗肌。例如，锻炼胸肌的同时，也应关注背阔肌、竖脊肌等背部和核心肌群的训练，以避免肌肉力量不均衡导致的运动损伤。

还要有必要的防护措施。对于容易受伤的部位，如膝盖，应选择合适的运动护具和采用正确的运动姿势，以预防运动损伤。例如，靠墙蹲和弹力带训练可以增强膝关节的稳定性，预防损伤。

Q7 如何进行高效燃脂？

进行高效燃脂期间，运动过程中的心率应该始终保持在最大心率（最大心率=220-年龄）的60%~80%。

如果是在健身房内进行力量训练，以我为例，我的心跳上限为180，那么我就不能让心跳低于108。持续让心率保持在最大心率的60%~80%，对于身体脂肪消耗是最有效的，不管是力量训练还是有氧运动，如果在最大心率很低的情况下，即运动时心率低于最大心率的60%，那就意味着应该进行其他运动。比如在打球的组间休息、力量训练的组间休息等，都应该根据这一点来调整运动方式。

Part 3

颈部训练动作

颈部锻炼对于维护颈部健康、保持良好的颈部姿态和习惯，都有着非常重要的作用。对于上班族、低头族等人群来说，颈部锻炼尤为重要。长时间保持同一姿势，容易导致颈部肌肉疲劳、僵硬和疼痛。通过颈部锻炼，可以增加颈部的稳定性和灵活性，缓解颈肩疼痛等症状。

运动 SPORT

001 淡化颈纹，这个动作少不了

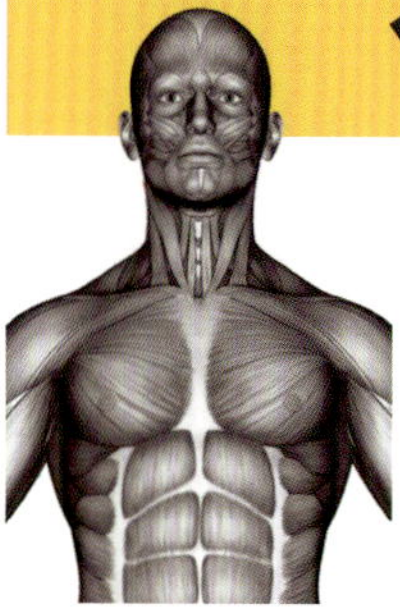

很多女性都因为脖子上有明显的颈纹显得衰老而苦恼。颈纹之所以会出现，大部分原因是胶原蛋白流失导致的皮肤松弛。为了保护颈部皮肤，以下两个动作是锻炼时必不可少的。

练习动作1 拉伸颈前肌肉，使肌肉恢复其原有的长度。

身体趴在垫子上，双手放在体侧保持身体的稳定，用下颌抵住泡沫轴①。

注①：泡沫轴是一种自我按摩的工具，可以放松肌筋膜，改善肌肉痛点，有助于增加肌肉灵活度、加速肌肉恢复，降低肌肉紧张度。

2

双臂伸直放在体侧，掌心朝上，用下颌抵住泡沫轴向前滚动，感受颈部肌肉被充分拉伸。

›››

如果出现头晕或头后部不适的情况，颈椎可能已经不是正常的生理曲度，需要马上停止该动作，并用下面的动作代替。

代替动作

平躺在垫子上，双手平放在地面上，下颌指向天花板。如果颈部有拉伸感，动作就做对了，坚持15秒。

静态动作，每组1分钟，3~4组。

练习动作2

强化颈部肌肉，使其恢复原有的肌肉张力。

准备一块毛巾，身体直立，靠墙站好，双脚向前迈1步，目视前方，头水平向后靠，用头后部抵住毛巾不让其掉落。

注意在动作过程中不要低头收下颌，不然会加重颈纹。
注意：做动作1和动作2的过程中都不要憋气。

静态动作，每组1分钟，3~4组。

运动 SPORT

002“富贵包”并非真富贵，千万不能忽视

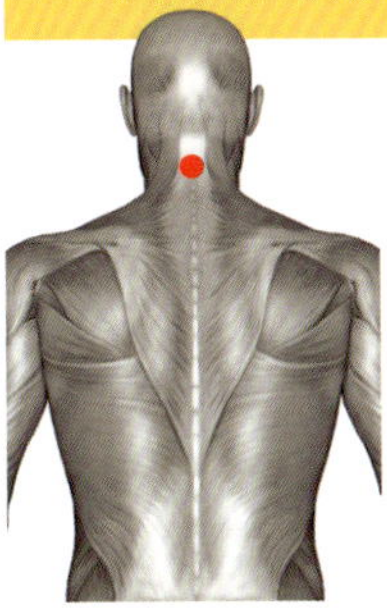

“富贵包”指的是颈后（一般是在第七颈椎）有一个明显突出的硬包块，它是由于长期伏案工作或日常不良姿势造成的颈部肌肉僵硬和颈椎前倾所致。“富贵包”会使人产生头晕目眩、胸闷、心慌等不适，不容小觑。下面两组动作对消除“富贵包”很有帮助。

练习动作1

跪姿，双手压住弹力带的两端，将弹力带套在“富贵包”的位置。弹力带保持张力的情况下，颈部有明显的对抗感，动作时不要憋气。

练习动作2

起身，上身直立，收紧下颌，头部水平后移保持静力对抗，动作时不要憋气。

静态动作，每组1分钟，3~4组。

练习动作3

跪姿，直立上身，在保持改善动作2不变的前提下，将弹力带向上移动，放在脖子中间。

静态动作，每组30~60秒，3~4组。

>>>
注意在锻炼时头部先轻微向后仰，随后逐渐增大头部后仰幅度。

双臂伸直，向前拉住弹力带，保持静力对抗，动作时不要憋气。

运动 SPORT

003 缓解多年颈部肌肉僵硬

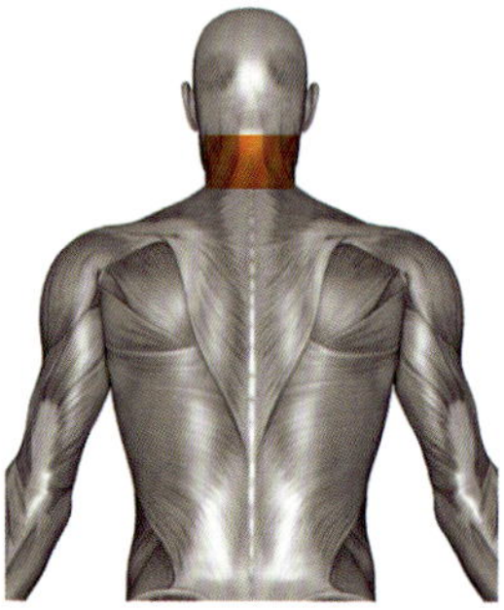

日常生活中，我们经常会因为长时间保持久坐、伏案等同一个姿势导致脖颈肌肉僵硬。现在，只需一条毛巾，每天3分钟，就能有效给颈、肩、后背上部和中部的肌肉进行放松，让颈部活动更自如。

练习动作1

静态动作，每组30秒，3~4组。

1 身体直立，毛巾搭在颈后，双手抓住毛巾两端。

注意动作要柔和。

2 将毛巾的一端兜住下巴，一端压在肩颈连接处，感觉颈部有拉伸感，保持30秒。

练习动作2

如图所示跪在瑜伽垫上，双手交叉，抓住毛巾，以肘关节为支点向前滑行。

1

静态动作，每组1分钟，3~4组。

2

复原时，臀部带动躯干及双臂向后移动。

注意做该动作时，背部会有明显拉伸感，若背部没有拉伸感，则说明动作有误。

运动 SPORT

004 缓解肩颈紧张

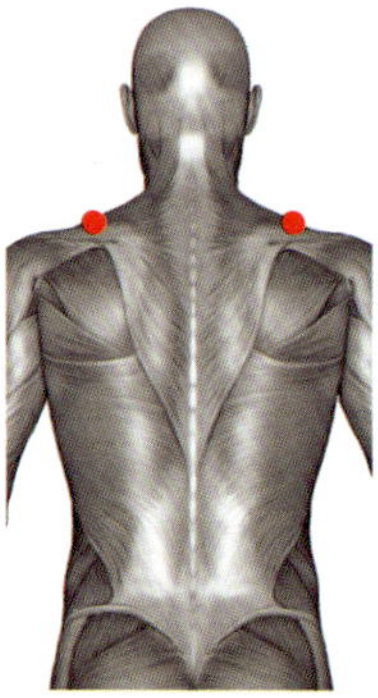

长时间使用电脑、长时间低头看手机、长期伏案工作……如果经常保持同一个姿势就会感到肩颈部肌肉紧绷、酸痛，相信大部分人都有这样的隐痛。

斜方肌是人体颈部和背部后方成两侧对称分布的表层肌肉，它可以控制肩胛骨的上升和下降，通过用手臂“画圈”的动作，可以使其恢复弹性，有效缓解肩颈紧张。

练习动作

1

保持坐姿，收下颌，挺胸，沉肩。

2

以拉伸左侧斜方肌为例，头向对侧侧屈，将左臂（拉伸侧手臂）伸直抬至水平位置。

抬起拉伸侧手臂，顺时针转动10次，再逆时针转动10次。感受斜方肌的拉扯感。

Part 4

肩部训练动作

肩关节是人体使用最多的关节之一。适当的肩部锻炼可以增加肩部的灵活性，使肩部在更大范围内活动自如。这对于完成各种日常动作和运动技能至关重要。

通过锻炼，可以强化肩部周围的肌肉，如三角肌、斜方肌等，从而提高肩部的稳定性，也可以使身材更加匀称和美观。

运动 SPORT

005 肩膀酸痛，1个动作就能缓解

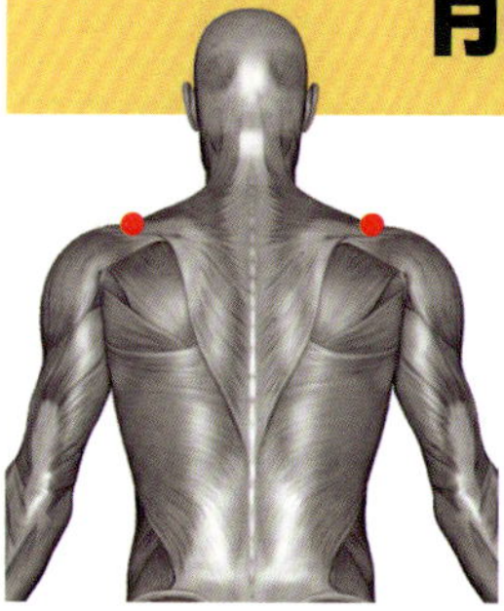

肩部的大部分问题是肩颈周边肌肉肌力失衡造成的，这些问题看似很小，但若不及时解决，恐怕会导致严重的颈椎问题。通过横向、竖向、旋转叠加的方式做纠正训练，就可缓解肩膀肌肉酸痛、僵硬等不适。

练习动作1

动态动作，每组12~15次，3~4组。

身体直立，双手交叉在体前，将棍子搭在右大臂外侧，左臂置于右臂下方。

该动作为静态动作；
注意双手在抓棍子时不要过于用力，否则会造成肌肉的紧张。

左手握住棍子下端，右手握住棍子自然向外侧翻并带动左臂运动，目的是放松深层肌肉前锯肌。

练习动作2

将毛巾搭在肩膀上，双手分别抓住毛巾的两端，右臂自然下垂。

动态动作，每组12~15次，3~4组。

该动作为动态动作；注意在运动过程中放在胸前侧的手要保持不动；肩膀在外旋时不要过于剧烈，否则会造成肌肉拉伤。

屈肘，抬右臂，做招财猫姿势，上抬至90°。

练习动作3

动态动作，每组12~15次，3~4组。

身体直立，屈肘，掌心向后，将胳膊抬至水平。

左腿单膝跪在跳箱旁，大臂与肩膀齐平。

3

俯身，用肩膀靠向垫子，将手臂完全贴在跳箱上，保持一端的稳定。

4

以左肩为支点旋转身体，另一只手臂向上伸直指向天空。头部跟随身体旋转，眼睛看向指尖。此动作可释放肩部压力。

动态动作，每组12~15次，3~4组。

>>>

注意头部要跟随身体旋转。

运动 SPORT

006 激活肩背——极简字母操

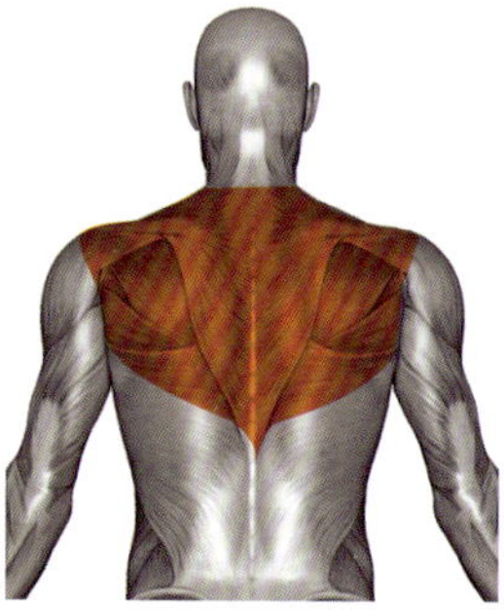

很多人在锻炼时肩背极易受伤，这都是运动前热身不充分所致，这套字母操是用肢体动作模拟字母“Y”“T”“W”“L”的形状，可以有效提升肩胛的稳定性、唤醒背部肌肉，从而保障锻炼安全进行。

练习动作

准备姿势：双手叉腰，双脚与肩同宽，微屈膝、屈髋，微微抬头。

保持准备姿势，双臂从体侧抬至与耳齐平，两臂之间的宽距要宽于肩膀，拇指指向上方。

双臂由“Y”的姿势，向身体两侧打开至水平，夹紧背部。

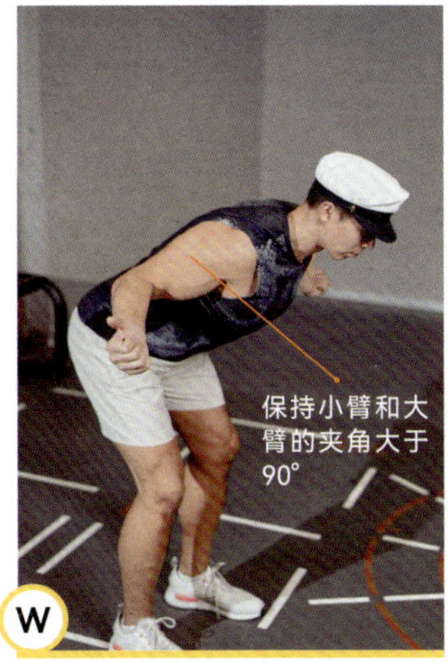

在“T”的姿势基础上，手肘向躯干侧夹紧，后背要有明显的挤压感。

在“W”的姿势下转动手臂，小臂垂直于地面，掌心向后。

注意做这套动作时头部微低，不要抬头。

以上四个动作连起来就是一套完整的激活肩背动作。这套动作建议在正式训练前进行，每组做1分钟，连续做2组。

运动 SPORT

007 改善圆肩驼背，1个动作就够了

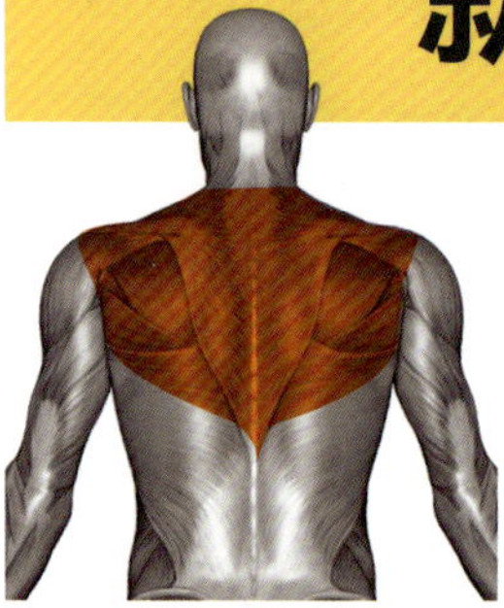

圆肩驼背的体态非常影响气质，由于长时间久坐，许多上班族都会出现这种问题。改善这种体态有一个简单、有效的方法，此法不仅能改善圆肩驼背，还能改善手臂上举受限的问题。

练习动作

1

跪在垫子上，双臂伸直，躯干保持一条直线，用手掌支撑住泡沫轴。

动态动作，每组12~15次，3~4组。

2

骨盆向后移动，将身体重心压在臀部，腰背部保持正常生理曲度。

3

手臂伸直，向前推出泡沫轴，推出时吐气。手臂外旋、掌心向上翻转。

4

手心向下翻转，直臂拉回泡沫轴，拉回时吸气，重复动作，以便更好地激活肩胛骨周边的肌肉力量。

运动 SPORT

008 改善溜肩不良体态

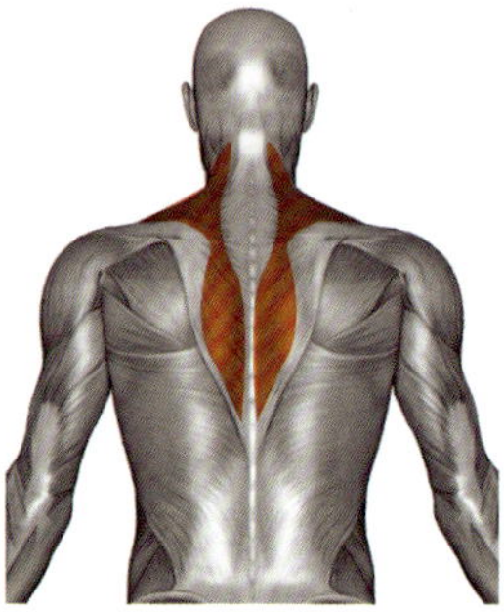

上背肌群薄弱，训练肩部和背部肌肉时导致斜方肌上部代偿、前锯肌无力导致的肩胛骨内角过度下回旋等都会造成溜肩体态。溜肩使得肩膀线条不够平直，影响人的体态。

练习动作

1

身体跪姿，双手反手握住棍子，双肘夹紧身体。

肘部撑在跳箱上，背部成一条直线，身体向下压，保持挺胸低头状态，此时身体侧面有拉伸感。

上身向下压后，再回正。重复该动作。

运动 SPORT

009 在家就能打造迷人直角肩

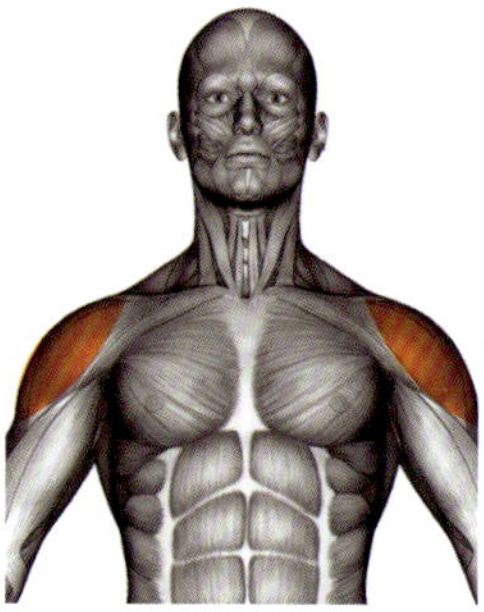

通过做侧平举动作，可以有效锻炼三角肌中束，使肩部线条分明，会让肩颈显得挺拔、修长，使人的体态更加优美。

练习动作1

1

身体直立，单手持轻重量哑铃或者矿泉水瓶，两臂自然下垂。

2

收下颌，持哑铃侧手臂伸直向上抬起做侧平举动作，同时另一只手抱住对侧颈后。保持斜方肌稳定。

›››

注意不可抱住头上方，容易出现头前探的问题。

动态动作，每组12~15次，3~4组。

3

抬起手臂时吐气，还原手臂时吸气。换对侧手臂做同样动作。

练习动作2

1

身体直立，挺胸，单手握住哑铃。

2

手臂抬升至30°时为动作起点。

侧平举0°~30°时主要发力部位在冈上肌。

注意动作不要超过90°，容易引起肩峰撞击综合征①，肱二头肌也会代偿三角肌中束发力。

动态动作，每组12~15次，3~4组。

3

侧平举至手臂与躯干成90°，再还原。侧平举动作中要快速发力上举，再缓慢还原。慢速发力会丢失肌肉张力感。

注①：肩峰撞击综合征，指在肩部外展和上举运动的过程中，肩峰下组织撞击而发生的相关的症状和体征。临床表现为肩部前方出现慢性钝痛，臂上举疼痛，肌力减弱等。

练习动作3

“招财猫”动作：抬高手臂至水平，曲肘，大臂和小臂夹角为90°。手臂做向前和向上的动态动作。两只手交替进行。

运动前热身，预先做“招财猫”动作。

双手握住毛巾两端，双臂伸直将毛巾拉直，保持张力。做顺时针和逆时针交替的“打方向盘”动作。整个动作过程中，双臂始终保持直臂状态。

身体跪姿，保持四点支撑状态，腕关节处套住一个弹力带，双脚与肩同宽。

由跪姿转为用脚尖及单手将身体三点支撑姿势。另一只手臂向身体斜上方侧抬起。这个动作可以更好地收缩三角肌前束。

回到步骤3起始动作身体三点支撑姿势，再将手臂从侧方抬起做侧平举动作。

建议做该动作时手臂向前抬1次，向中和向斜后方向各抬2次，做完一边再做另一边，交替做1分钟，做3~4组即可。

再次回到步骤3的起始动作，做向斜后方向伸展的抬手动作。可以更好地收缩三角肌后束。

运动 SPORT

010 侧平举动作中如何避免肩峰撞击综合征

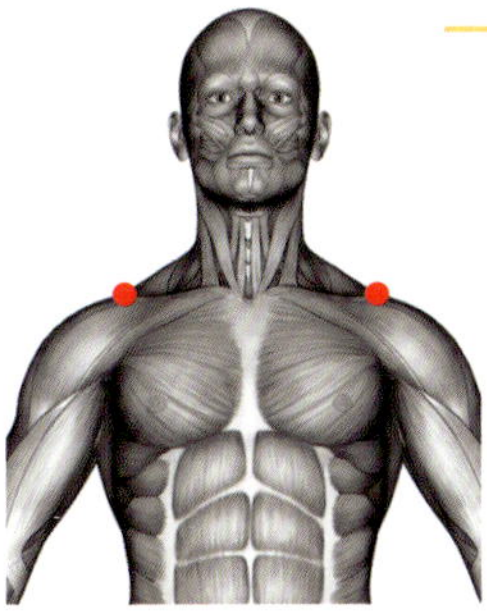

人体的手臂上举时，肩峰会对肩袖进行摩擦和撞击，长此以往，肩袖和滑囊会受到损伤，造成组织水肿出血甚至肌腱损伤等一系列症状，这种情况即为肩峰撞击综合征。

如何知道自己是否存在“肩峰撞击”的症状。测试方式如下：单手搭在对侧肩头，向上抬肘，如果肩膀感到疼痛，那就是“肩峰撞击”的症状。

练习动作

保持站姿，面向墙壁。用双手腕关节反手抵住泡沫轴。

向上推动泡沫轴，将手掌举过头顶的同时转动手臂。

动态动作，每组12~15次，3~4组。

该动作可以有效地增加关节的滑动能力，恢复肩胛骨和大臂骨的联动节奏，同时刺激前距肌和下斜方肌，可以有效改善“肩峰撞击综合征”。

Part 5

背部训练动作

背部肌肉群在维持人体体态方面发挥着重要的作用。通过锻炼背部，可以使背部的肌肉线条更加健美。

对于男性而言，厚实的背肌更是构成倒三角身材的根基，能够极大地增加男性魅力；对于经常开车、伏案工作的低头族，锻炼背部可以增加肌肉力量，有助于缓解腰背酸痛等不适症状。

运动 SPORT

011 锻炼背部的经典动作应该这样做

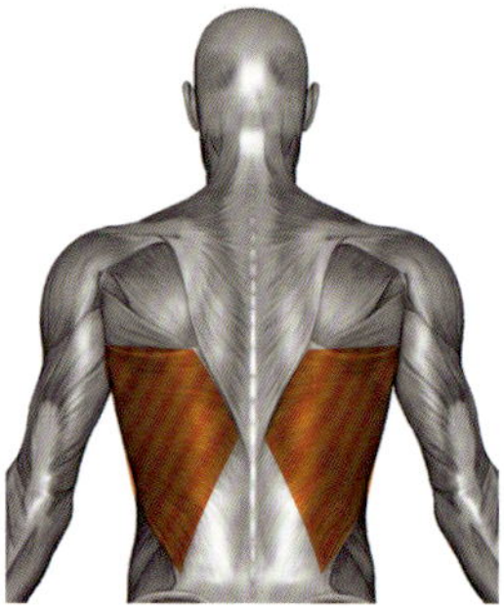

背阔肌是位于腰背部和胸部后外侧皮下的一块大而有力的肌肉，为全身最大的阔肌，成直角三角形或扇形。背阔肌受胸背神经支配，其主要功能包括使肱骨内收、内旋和后伸。

通过高位反手下拉这个动作，可以增强背阔肌的力量和体积，改善身体姿态和线条。

练习动作

面向高位下拉器坐下。一只手臂反手握住下拉杆，夹紧肘部，向下拉动。下拉时吐气，还原时吸气。

动态动作，每组12~15次，3~4组。

注意下拉时手腕不要内扣，还原时一定要先还原肩关节。

运动 SPORT

012 女性“减龄”，上背变薄是关键

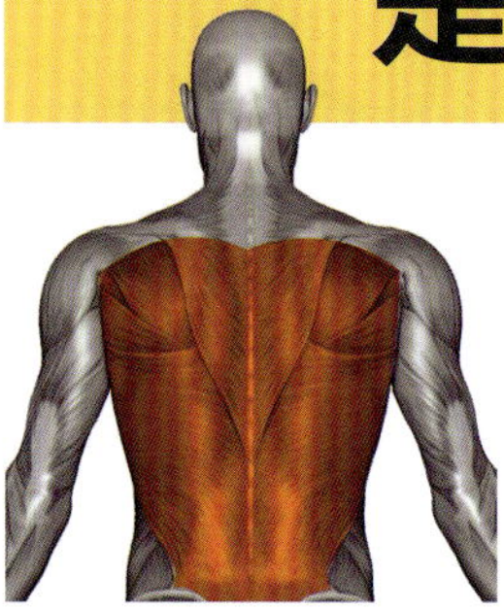

后背是很难运动到的部位，如果长期缺乏锻炼，自然容易堆积赘肉。随着年龄和激素水平的变化，脂肪会更容易囤积在上背部。长期伏案工作，上半身缺乏运动，也会导致背部脂肪堆积。

练习动作

1

取站姿，面向墙壁，与墙壁保持半臂宽的间距。

动态动作，
每组12~15
次，3~4组。

2

双手手腕处套入弹力圈，掌心朝外。双手成三角形撑开弹力圈，保持张力。

注意要使用双手手腕撑住弹力带，以便保持肩胛骨有稳定张力。

如果感到后背中间和肩胛骨周围肌肉有酸胀感，说明动作正确。

3

向上抬手臂至耳侧。抬起时吐气，下落时吸气。

运动 SPORT

013 改善含胸驼背体态最有效的 1 个动作

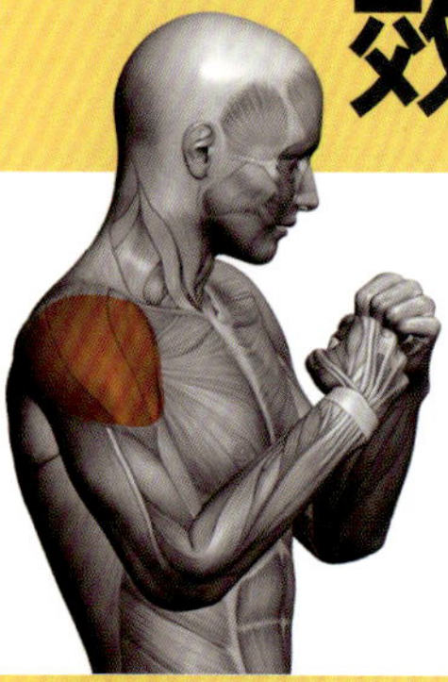

大部分的含胸驼背都是因日常的生活习惯所致，下面介绍的这组含胸驼背矫正训练，全程不使用任何器械，在家就可以完成。

练习动作1 圆肩导致的含胸：体态自然放松时，臂骨和地面相垂直。双肩向前，向内收，上半身略带圆形弧度。

站姿，体态自然放松，手臂与地面相垂直。

改善动作：双脚打开与肩同宽。小臂弯曲，用双肘夹紧背部，挺胸，保持1分钟。

练习动作2

肱骨前移导致的含胸：体态自然放松时大臂骨和地面是有夹角的。

体态自然放松时大臂骨成斜线姿势，肩膀向前顶出。由于经常耸肩，斜方肌太过紧张，肩袖肌群不稳定。

改善方法：做招财猫动作。

取站姿，双脚打开与肩同宽。做小臂抬起、落下动作50次。换右臂重复此动作。做“招财猫”动作锻炼肩袖肌群，放松后背肌肉的斜方肌。双手交替进行。

注意做“招财猫”动作时的幅度和力度，时间不要太长，以免肩部血液循环不良，对肩部肌肉造成损伤。

动态动作，每组12~15次，3~4组。

运动 SPORT

014 改善含胸驼背导致的骨盆后倾，释放腰椎压力

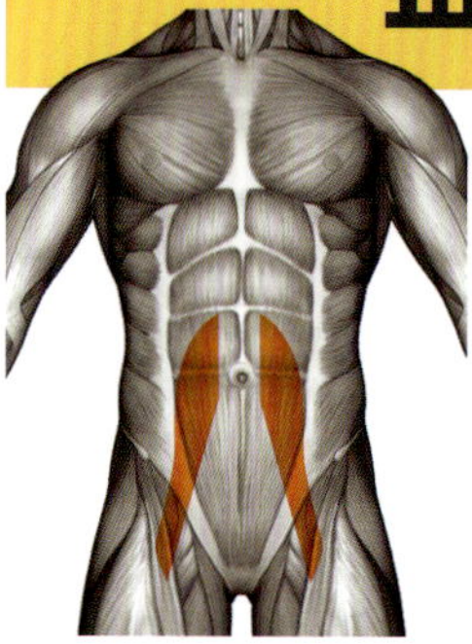

骨盆后倾体态容易在久坐上班族中出现，它是含胸驼背导致的，当骨盆由中低位向后旋转时，臀部也会向前。这种体态是由屈髋肌、竖脊肌双向肌无力造成的，会使腰椎曲度变直，在运动中也会让脊柱更容易受伤。

练习动作1

锻炼屈髋肌群。

静态动作，每组保持1分钟，3~4组。

1 双腿站立，双手放在髋关节处保持稳定。单腿提膝。

2 将脚尖勾起，与地面做静力对抗。保持1分钟后换对侧腿。

练习动作2 锻炼竖脊肌。

趴在垫子上，头和后背成一条直线，同时抬起双臂及双脚。让腰部竖脊肌得到锻炼，与地面做静力对抗。

静态动作，每组1分钟，3~4组。

运动 SPORT

015 有效减少后背赘肉

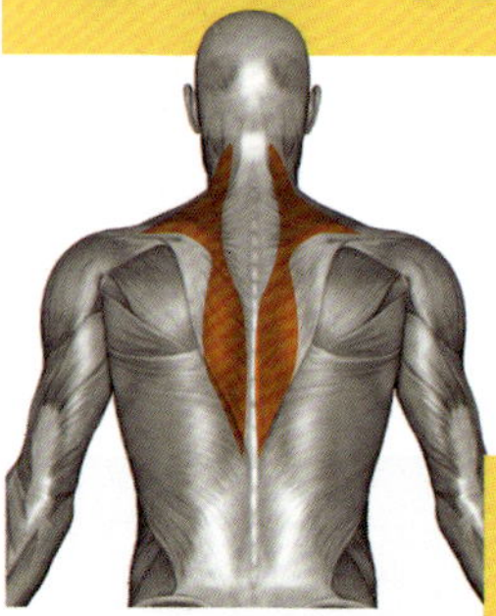

颈后下拉可以有效锻炼我们的斜方肌和菱形肌，使后背线条变得更紧致，有效减少后背赘肉。

练习动作

进行颈后下拉前需要注意的细节如下：

1 热身，做肩外旋动作，两侧交替进行，做20次。

2 调节好高位下拉器的重量。可以按照如下标准进行调整：在该重量下，自己最多可以做15次下拉动作。

3 握杆时要将握把放在掌心正中处，采取科学的半握方法。坐下时要保证固定腿部的滚轴卡在大腿根部，这样身体重心会在臀部位置。脚跟微微后收，保持大腿根部紧绷，协同臀部保持稳定。

动作细节

在器械上坐好后，手臂伸直，握住横杆握把。做10~15次下拉动作，过程中手肘没有弯曲，目的是激活肩胛骨。

动作中，始终保持胸部上挺状态，腰部保持正常生理曲度，以免给腰椎带来不必要的压力。

下拉时肘部向前推出，保证肘关节指向地面，以减少肩关节前侧压力，更好地收紧背阔肌肉。

动态动作，每组12~15次，3~4组。

还原时，还原至直臂状态的3/4即可，否则容易出现耸肩状态。

下拉时吐气，还原时吸气。

运动 SPORT

016 提升气质，改善圆肩体态

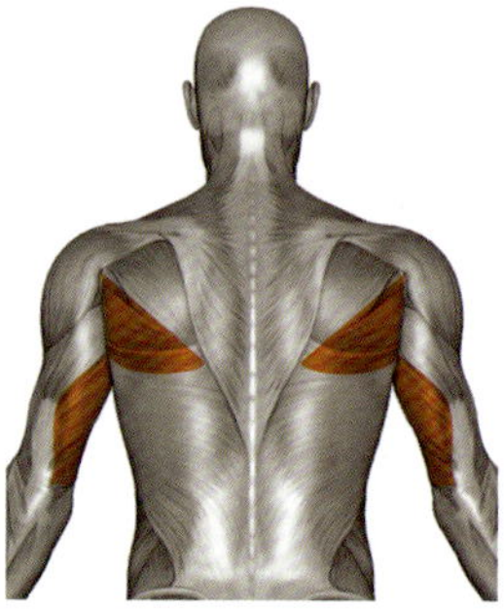

长期伏案工作、不正确的运动习惯都会造成肱骨前移，导致原肩体态的出现。不仅影响美观，还可能会导致一系列肩部问题。

三角肌位于肩部外侧，三角肌后束则指的是三角肌后三分之一的部分，它可以使肩关节伸展、后旋，并有效增加肩关节强度。锻炼三角肌后束可以使肩部变得立体饱满，还可以改善圆肩等不良体态。

练习动作1

1

先做热身运动。用一只脚踩住弹力带，一只手抓握住弹力带的另一端，用弹力带做肩内旋、肩外旋（招财猫）动作，目的是激活肩袖肌群。

将上斜凳与水平面的夹角调到30°，用头抵住凳子的上沿，保持躯干稳定。

注意不要挺胸和肩胛骨下压、内收去做此动作，会让中下斜方肌和菱形肌代偿三角肌后束发力。

动态动作，每组12~15次，3~4组。

外展时双臂并不是水平展开，而是向偏后的方向展开，大臂和躯干成60°夹角；动作中如果只有一侧有感觉，说明重心只在一只脚上。可将丧失重心的那只脚向前微微迈1/4步，重新找回身体重心。

两手持哑铃，手肘微微弯曲，向两侧举起，拳眼相对，直至上臂与肩部平行，停顿1秒钟后还原。

错误动作示范

练习动作2

1

俯身60°，含胸低头，肩胛骨保持撑开的姿态，以保证三角肌后束得到充分锻炼。

注意不要挺胸，这会导致背部菱形肌代偿发力、出现肋骨外翻问题。

做哑铃水平外展的动作，全程保持大臂和躯干的夹角不变。让三角肌后束发力更明显。

动态动作，每组12~15次，3~4组。

还原时，小拇指要紧紧攥住哑铃。让发力感更明显。

运动 SPORT

017 带动身体完成从 0~10 个引体向上的小技巧

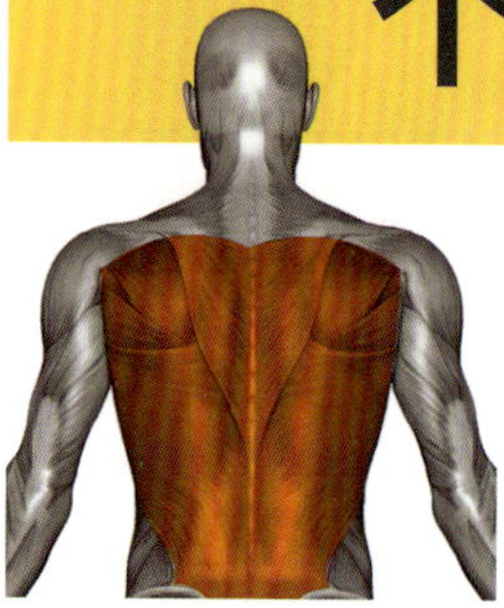

引体向上是锻炼背部的经典动作，它能使背部的肌肉线条更加优美。但很多人却无法做出一个完整的引体向上动作，究其原因，很可能是因为训练的步骤不对。

练习动作1

1 直臂抓住横杠。微曲肘部。

2 将胸部拉向横杠，保持躯干稳定。增加背部的张力。

3 身体到达顶点后停顿片刻，利用离心收缩（指肌肉在阻力下逐渐被拉长，使运动环节向肌肉拉力相反的方向运动的收缩方式），让身体缓慢下降回到静止悬垂姿势，以提升背部力量。

动态动作，每组12~15次，3~4组。

练习动作2 正确做出引体向上

做“从0~1”引体向上的动作时，要保证悬吊肘发力姿势正确，胳膊感觉酸软但后背无感觉就是没有掌握悬吊技巧。掌握下面这组动作，做出正确的引体向上将不再是难事。

1 悬架在单杠上，让后背始终保持发力感。注意肩胛骨的力量不可完全松掉。

2 手肘夹向身体中线，将胸部拉向单杠，感受发力在腋下两侧，而不是单纯地用手臂发力。

3 悬吊30秒为1组，身体不断提升悬吊高度，继续保持悬吊。

4 继续逐渐提升高度，直至下巴与横杠水平，保持该高度继续悬吊30秒。令身体习惯正确的肌肉发力以及在不同高度时的肌肉张力。

动态动作，每组12~15次，3~4组。

运动 SPORT

018 让背部线条更立体

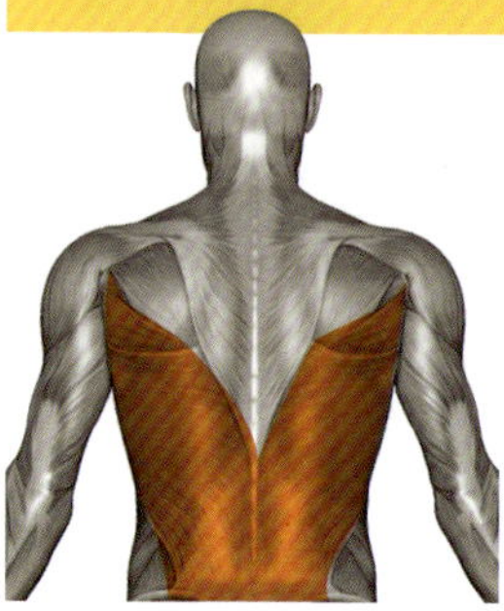

划船机可锻炼背部肌肉，特别是背阔肌、大圆肌、小圆肌等。“V”把坐姿划船动作可以有效地增加背部的宽度和厚度，提升整体背部的美观度。

练习动作

1

取坐姿，保持背部挺直，屈膝、屈髋、手臂伸直。抓住握把，掌心相对。尽量用脚掌中后部来蹬住踏板。

动态动作，每组12~15次，3~4组。

2

夹肘，贴紧体侧，挺胸，同时拉动手柄，并拉向下胸部。

错误动作示范

错误动作说明

不要耸肩。动作中下半身尽量保持不动。

运动 SPORT

019 增强背部力量

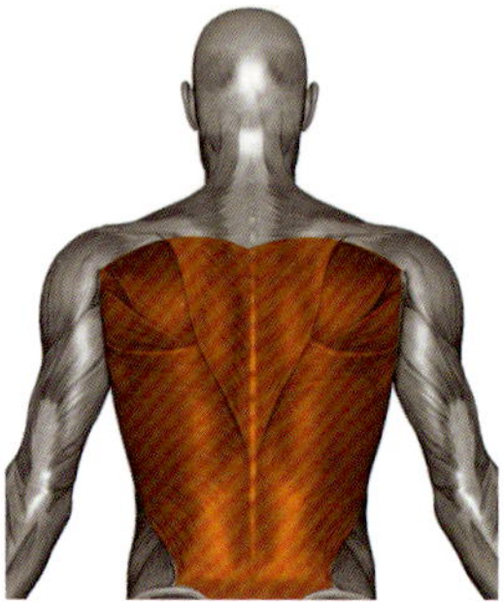

长期伏案工作会导致背部肌肉僵硬、力量不足，这会使脊柱缺乏保护，也会影响身体的美感和健康。以下就是能够改善这一状态的锻炼动作——钢线直臂下压。

练习动作

1

双手握住龙门架的握杆，握距比肩略宽，下压横杠，骨盆后倾，夹紧臀部。

保持步骤①的姿势，做直臂下压，使拉杆接触到大腿，停顿片刻，然后慢慢回到起始位置，感受上端和下端的充分发力。

注意做直臂下压时腰部反弓会导致背部下缘发力不明显，原因是反弓腰部时背阔肌被预先缩短，此时做直臂下压会导致下缘发力不充分。

动态动作，每组12~15次，3~4组。

运动 SPORT

020 刻画背部线条的单关节动作

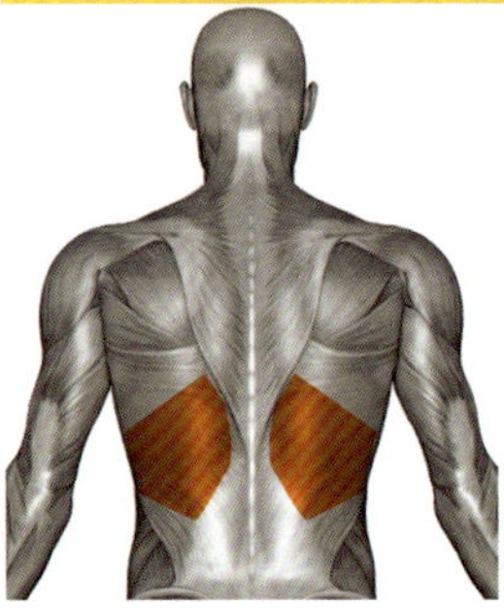

做钢线直臂下压动作时会利用肩关节运动，侧重于锻炼背阔肌，使得整个背部线条分明。做这个动作时，背阔肌有明显的发力感，动作要领也较容易掌握。

练习动作

1

在拉力器前站立，手握拉力器横杆。

双臂应该完全伸直

2

将横杆向下直臂下压至触碰大腿。停顿片刻，然后慢慢回到起始位置。直臂下压时肘关节向躯干稍微内夹一点，会让背阔肌得到充分收缩。下压时吐气，还原时吸气。

动态动作，每组12~15次，3~4组。

运动 SPORT

021 练出完美的背部曲线——器械坐姿划船

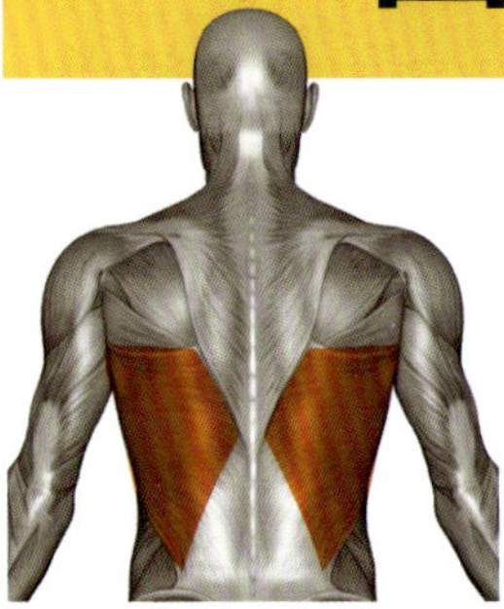

坐姿划船是高效训练背阔肌的动作，这个动作有助于增加背部的厚度和宽度，塑造背部“倒三角形”身材，能提高上半身的力量，并能练出完美的背部曲线。

练习动作

坐在划船器械的座位上，双脚踩在踏板上。单手握住划船器械的把手，手臂伸直，但肘关节不要完全伸直。

先将把手向后拉至下胸与腹部中间位置。在拉动过程中，保持身体稳定，避免摇晃旋转。后拉时吐气。

3

当把手拉至顶峰时，稍作停顿，感受背部肌肉的紧绷感。然后慢慢将把手还原至起始位置，同时吸气。

在还原过程中，也要保持身体稳定，避免突然放松导致受伤。

动态动作，每组12~15次，3~4组。

错误动作示范

错误动作说明

在动作中肩膀要保持稳定，只做向前、向后的动作，并没有任何旋转动作。如果肩膀做向下旋转的动作，三角肌前束和手臂发力最多，起不到锻炼背部的作用。

运动 SPORT

024 腰背不再酸痛——山羊挺身

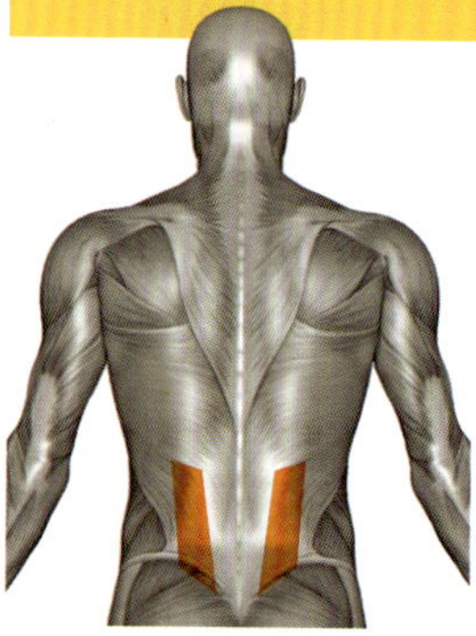

大多数上班族因为不常做伸展腰椎的动作，以至于腰背的肌肉经常感到酸痛。山羊挺身可以有效改变这一状态，这个动作可以有效刺激竖脊肌，维持良好的体态。

练习动作

1

用手摸到骨盆前面的两个尖，这里是髂前上棘的横连线，将这个位置对准罗马椅上端，靠紧罗马椅。双脚脚踝固定在滚轴中间。保证身体下端固定好，身体成一条直线，手臂交叉放在胸前。

以髋关节为轴心，以上肢为半径进行髋屈、髋伸的动作。做向下动作时上身与地面水平，不要过度下探，起身时保持身体的正常生理曲度，后背和器械成一条直线即可，不要过度弯曲或伸展。

下降时吸气，起身时吐气。动作要慢。

动态动作，每组12~15次，3~4组。

错误动作示范

错误动作说明

不要在抬起身体时过度地屈伸脊柱，以免带来腰部损伤。罗马椅的上沿不要过低，否则臀部会代偿腰部发力。

Part 6

胸部训练动作

胸部训练时，应该以大重量来训练其厚度和力量，再进行各种有针对性的训练，来塑造胸肌的形状。对于男性和女性而言，需要重点训练的部位也不相同。

运动 SPORT

025 避免胸部下垂

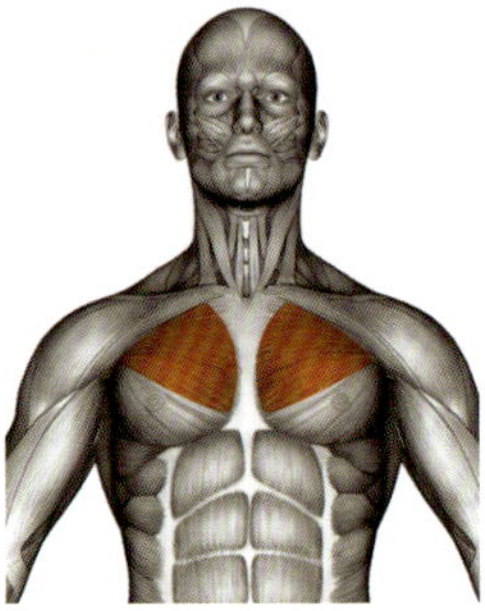

使用“史密斯架”练习上斜推胸动作，可锻炼上胸部，它可以更好地激活上胸部的肌肉，避免下垂。

练习动作

1 首先，做空手直臂大绕环的热身运动，向前绕10次再向后绕10次即可。

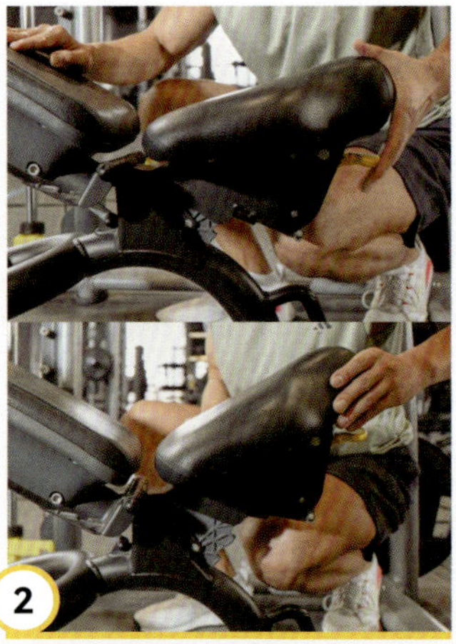

2 要将上斜凳的下方抬高，方便在做斜板运动时获得更稳定的支撑力。

3 坐在凳子上，双腿回撤，收紧大腿后侧肌肉和臀部，目的是让下肢在运动中保持稳定。

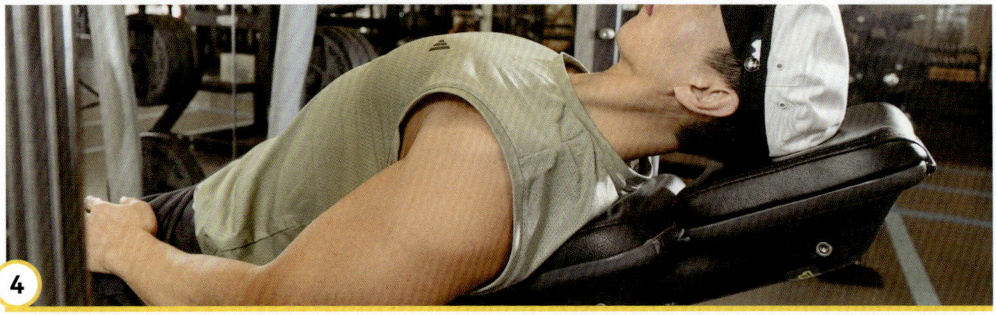

4 躺在斜凳上，保持腰部的正常曲度，不可过度反弓给腰椎压力。挺胸、沉肩，以便肩胛骨更好地下压内收。

双手握住史密斯架杠杆，握距比肩略宽，由胸部发力，带动大臂向上推起杠杆。

杠杆回落时，上胸部持续发力。史密斯架横杠的轨迹是直上直下，动作中肘关节要垂直于地面，不能下落时向后，向后会使肩关节前束顶出，代偿发力，有受伤风险。

下拉横杠，轻触上胸部。如果只下降到一半会使肱三头肌代偿发力过多，不利于上胸部的锻炼。

动作中要保持横杠缓慢下降，慢下快起。这也是史密斯架相对于自由推举器最大的优点。下降时吸气，还原时吐气。

动态动作，每组12~15次，3~4组。

运动 SPORT

026 强化对胸中缝的刺激

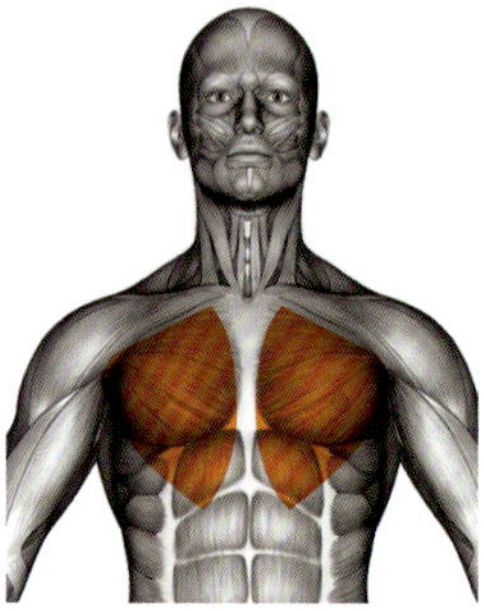

胸中缝即胸部的中点，上至锁骨，下至肋骨。用龙门架做胸中缝的训练，可使胸部轮廓更明显。

练习动作

1

将龙门架的把手调到与胸齐平的位置。

2

站在器械中间，双手各抓住1个镫形把手向前上步，前后脚错开站立，保持躯干稳定。同时收紧下颌。

3

挺胸，肩胛骨下压内收，同时收紧下颌。

双手在体前交会，双手掌根相碰，停顿4~5秒后复原。注意是将手臂向前推出而不是将双臂夹紧。

运动 SPORT

027 锻炼胸部内侧肌肉

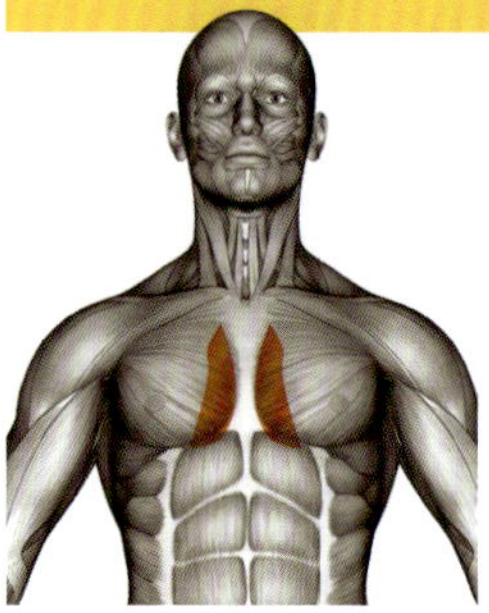

根据做俯卧撑时“双臂间握距越宽胸部外侧发力越多，双臂间握距越窄胸部内侧发力越多”的原理，我们可以设计一套俯卧撑动作来锻炼胸部内侧肌肉。

练习动作

1

跪姿，用膝盖和手掌着地，双臂伸直，虎口相对。

2

由跪姿转为用手掌及脚尖撑地，双臂不要夹紧身体，要向身体两侧略展开。

3

此时，双脚蹬地，屈肘，身体下沉时大臂同躯干成45°夹角。注意此时不要夹紧身体，髋部也不要下塌，否则会使肱三头肌代偿发力。

运动 SPORT

028 使下胸部形态更美观——杠铃下斜卧推

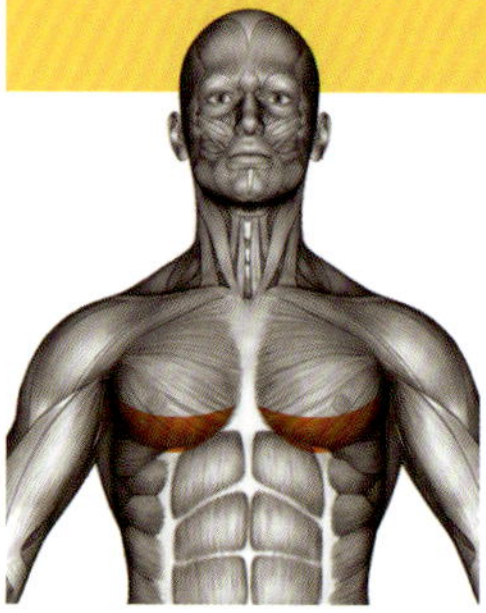

杠铃下斜卧推可以有效锻炼下胸肌，使下胸部形态更加美观。锻炼时锻炼器械的下斜板成30°最为合适，在这个角度下，下胸肌受力最充分，如果角度变大，则肱三头肌发力最大；如果角度变小，则胸中部发力最大。

练习动作

1

调整器械的滚轴长短，保证躺在器械上时，眼睛和杠铃杆的位置在一条垂直线上。

2

坐在器械上，用小腿的前侧抵住滚轴，这样下肢会更稳定。

不要勾脚尖，会导致下肢不稳定，身体会前后移动。

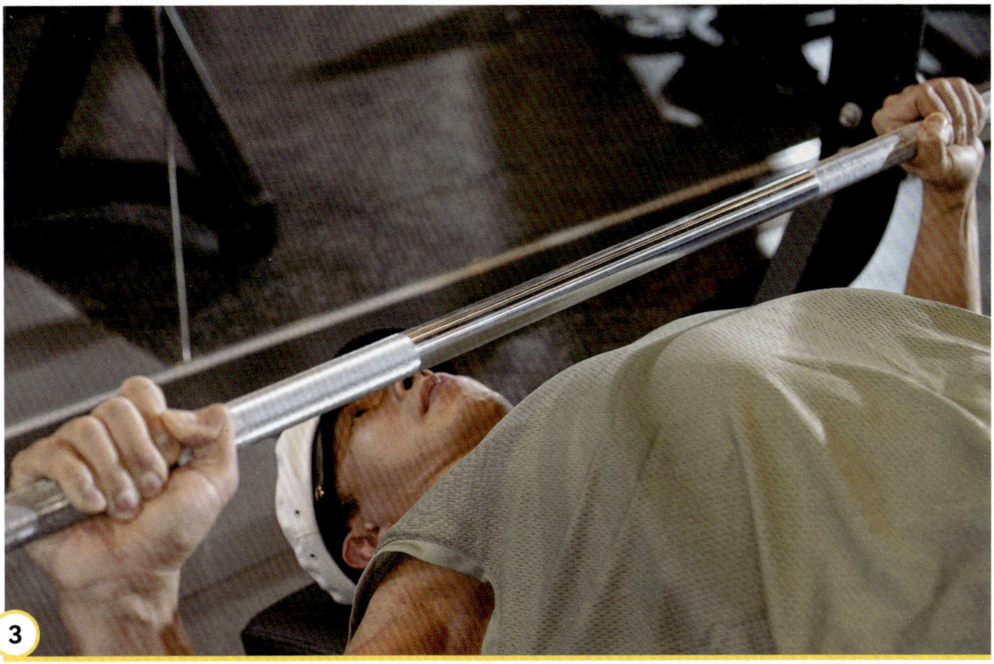

3

躺下，双手握住杠铃，握距要比肩宽，可以更好地刺激下胸外侧，让下胸形态更美观，握距过窄会使肱三头肌发力。开始动作前要保持肩胛骨下压内收，微微收紧下颌以保护颈椎，挺胸，以保持背部张力。该动作为杠铃下斜卧推的起始动作。

4

推起杠铃至下胸正上方，双脚固定在固定器下。

5

略停顿，然后慢慢回到起始位置。出杠之后，杠铃杆要对准下胸，保持运动轨迹垂直上下，以增强下胸的刺激。注意不要前后摆动，否则会导致肩膀出现翻转，对肩膀前侧造成压力。

6

最后，杠铃复位。起身时要一只手反手握住杠铃，身体微微起身，用另一只手抓住前面的把手。这样起身能够保护腰部。如果正手握杠铃，会有下意识地做前推的动作，杠铃会有滑落的风险。

错误动作示范

错误动作说明

不要勾脚尖。

错误动作说明

手握杠铃间距不能太窄。

运动 SPORT

029 让胸部更挺拔——平板推胸

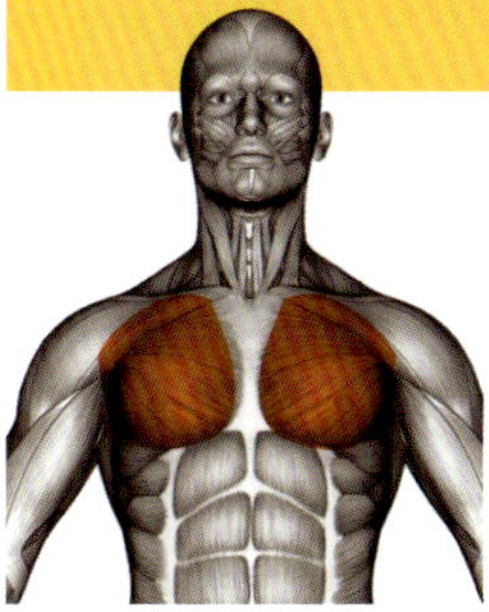

平板推胸也叫卧推或卧举，通过平板推胸的练习，可以有效地增强胸部肌肉的力量和围度，提高身体的整体美观度，对锻炼胸大肌和手臂肌肉有着显著的作用。

练习动作

1

热身运动。取站姿，双脚间距与肩同宽，用一只脚踩住弹力带，用同侧手拽住弹力带的另一端，做招财猫动作，以激活肩袖肌群。

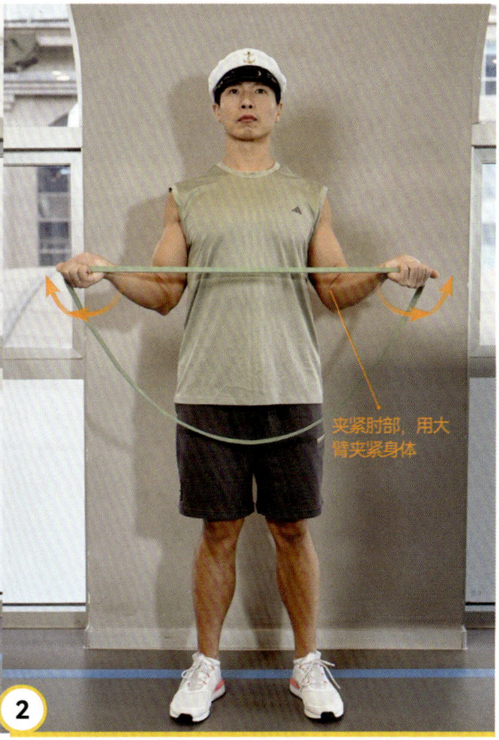

2

用弹力带做肩外旋的动作以激活肩胛内收：身体直立，双脚与肩同宽，双手抓住弹力带两端。反手握住弹力带，做双手水平向外旋（小臂活动范围为10°~15°）的动作。

运动 SPORT

030 收紧副乳——哑铃画圈

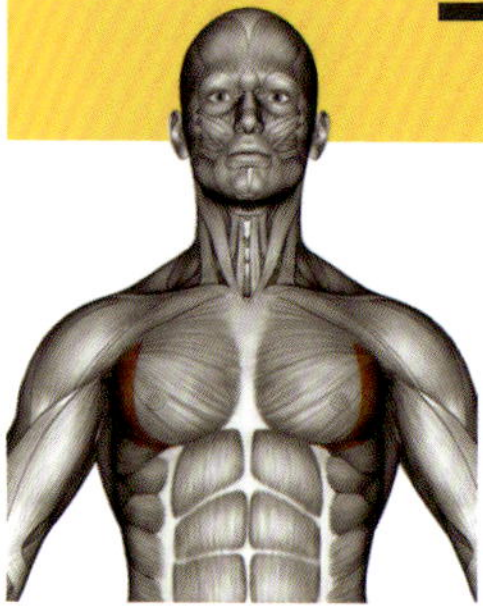

哑铃画圈的动作可以帮助收紧副乳、打造胸肌外轮廓的同时还能防止胸部下垂。

练习动作

1

平躺在凳子上，双手各举1个哑铃，手臂伸直，将哑铃向上推出，拳眼相对。

吸气，按照图片所示顺序做哑铃推举，哑铃的运动轨迹为圆形。双手在肚脐处交汇。

动作过程中，会感到胸外侧肌肉会收紧，收紧时吐气，还原时吸气。注意不要用重量过大的哑铃，会降低胸部外侧的感知力，给关节增加不必要的压力。

动态动作，每组12~15次，3~4组。

运动 SPORT

032 改善含胸体态

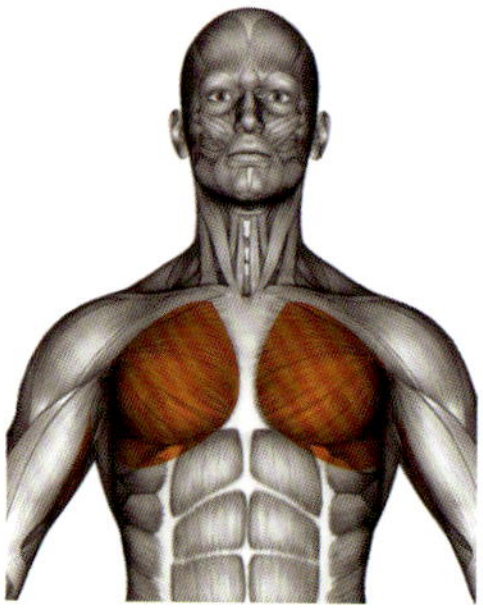

每日拉伸胸部可以有效改善含胸的体态问题，同时还可以预防胸部下垂。在拉抻胸部的同时，还能收紧拜拜肉。

练习动作

静态动作，每组1分钟，3~4组。

1 将小臂抵在固定物上。注意不可伸直手臂，伸直手臂拉伸会对肩膀前面的关节囊造成极大的压力，容易产生肩膀疼痛的问题。

2 拉伸侧的腿向前跨步，注意不可将对侧腿向前跨步，身体向前推出，感觉右侧胸部有拉扯感即可。

3

用手肘抵住支撑物，左手手腕下垂，右手用力地去够左手手腕。肘部弯曲幅度越大，肱三头肌拉伸感会越强烈。

Part 7

上肢训练动作

通过锻炼上肢，可以有效地塑造出紧致、有线条感的手臂、肩膀和背部。这种线条美不仅让整体身材更加匀称，还能凸显女性的曲线和优雅。

男性拥有强壮、有力的上肢肌肉，可以让男性在做其他运动时，更好地发挥出平衡、助力、协调的作用，进而提高运动表现。

运动 SPORT

033 上肢训练前放松动作不容忽视

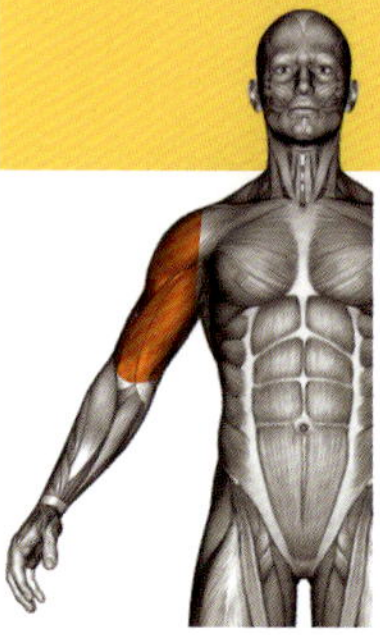

在上肢进行力量训练时很容易受伤，在这里介绍3个锻炼上肢前的热身动作，它可以帮助我们放松肌肉，避免运动过程中造成身体损伤，更好地保护关节。

练习动作1

1

身体直立，双臂伸直在体前交会。

2

双臂从下至上在身体两侧画圈。直臂在头上方交会。

该动作可以有效活动肩关节，让肩关节腔充满更多润滑液，以保证锻炼中的安全。

动态动作，每组12~15次，3~4组。

练习动作2

1

俯卧撑姿势预备。

该动作可以有效激活肩胛骨周边的前锯肌，以保证运动中更好地稳定肩胛骨。

动态动作，每组12~15次，3~4组。

2

伸直肘关节，做只活动肩胛骨前引、肩胛骨后缩的俯卧撑动作。身体始终保持成一条直线。

练习动作3

动态动作，每组12~15次，3~4组。

用这3个动作在上肢锻炼前热身，可以更好地保护肩、肘关节。

取坐姿，将身体反撑在地面上。双手指尖指向两侧。双脚与髋同宽。

顶髋，让身体和地面平行。低头、收下颌。

身体旋转，由四点支撑变为三点支撑，头部向同侧旋转。身体回正后重复步骤2的动作，另一侧做同样的动作。

运动 SPORT

034 打造肱二头肌肌峰

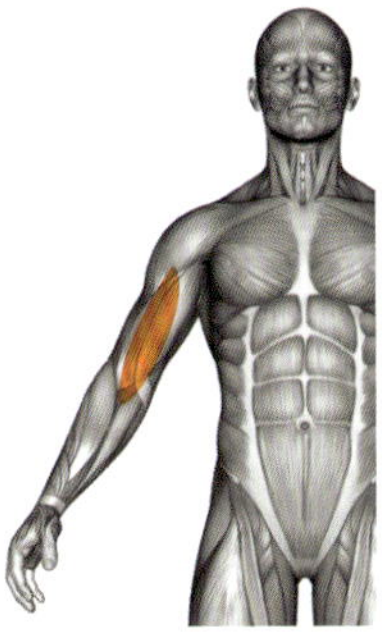

肱二头肌肌峰高耸是每个男性健身者追求的目标。强壮的肱二头肌可以使男性更加强壮有力，更能凸显魅力，因此在健身锻炼中，该部位的训练是必不可少的。

练习动作

1

取站姿，将弹力圈套在手腕上端。

动态动作，每组12~15次，3~4组。

反手握住哑铃，保持弹力圈撑开状态，挺胸，肩胛骨下压内收。

保持弹力圈绷紧的状态下，双手拿哑铃做肱二头肌弯举动作，并尽可能靠近肩部。肘关节夹紧体侧，双手手腕向外旋转，增加肌肉收缩感。

运动 SPORT

035 拉伸肱三头肌

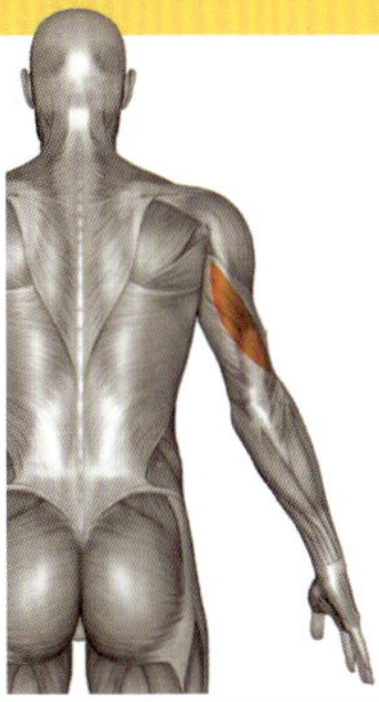

肱三头肌位于大臂后侧，它由三个头组成，分别是长头、内侧头和外侧头。想要充分拉伸这些部位，要坚持做以下动作。

练习动作

1

取站姿，面向固定物。屈肘，用一侧肘关节抵住固定物。同侧腿向前跨步，呈前、后脚站立姿势。

静态动作，每组1分钟，3~4组。

2

用另一只手从头后压住前臂，做充分的肘关节弯曲动作。以充分拉伸肱三头肌的三个头。

运动 SPORT

036 1个动作帮你甩掉“拜拜肉”

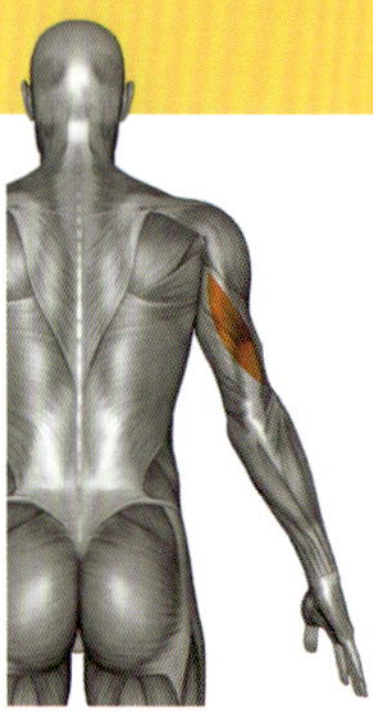

许多女性都希望能拥有一双纤细均匀、没有赘肉的手臂，虽然在日常生活中，手是经常被活动到的部位，但由于其方向大多是向前面和侧面，向后的运动较少，所以大臂内侧的肱三头肌肌肉就比较松弛。哑铃俯身臂屈伸的动作可以有效消除“拜拜肉”，使手臂看上去更加纤细、修长。

练习动作

1

单腿跪在训练椅上，同侧手掌扶在训练椅上，躯干保持中立位，注意不可含胸。

2

拳眼向前，向上举起哑铃，保持肘关节高于躯干，可以充分收缩大臂内侧肌肉。

女性推荐使用轻重量哑铃，大重量哑铃会使手臂增粗。

女性进行有氧运动时，可以选择单只1kg的哑铃；

瘦胳膊和瘦背做力量训练时可以选择单只1.5kg的哑铃；

有锻炼基础和力量训练的女性与新手男性，可以选择单只3kg的哑铃。

动态动作，每组12~15次，3~4组。

3

向后伸直握哑铃侧手臂，同时手臂始终夹紧躯干，做肘伸的动作。注意全程动作要流畅缓慢，不可用爆发力去做，会损伤肘关节。在顶点的时候，感觉肱三头肌有明显的挤压感即可。

运动 SPORT

037 让大臂更有力量

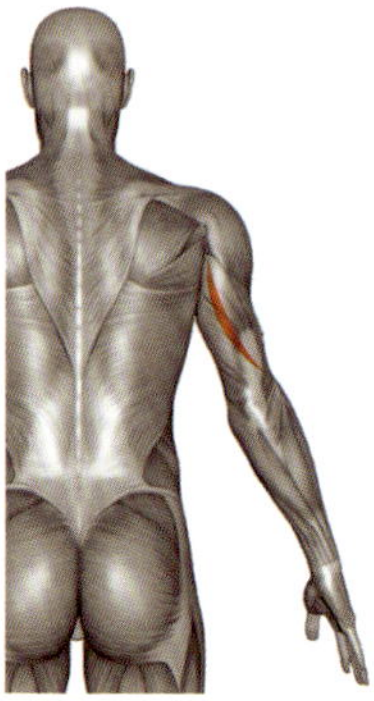

哑铃颈后臂屈伸是锻炼肱三头肌的经典动作，主要用于强化肱三头肌内侧，在做该动作时手臂的运动轨迹是直下直上的，不发生旋转。

练习动作

1

取坐姿。双手掌心持哑铃至头后，保持挺胸、收腹，保持身体稳定。

2

手臂伸直。大臂和肘关节微微向两侧打开。

动态动作，
每组12~15
次，3~4组。

3

做手臂上举、下放的动作。过程中保持哑铃的运动轨迹成直线。

运动 SPORT

038 让手臂更强壮

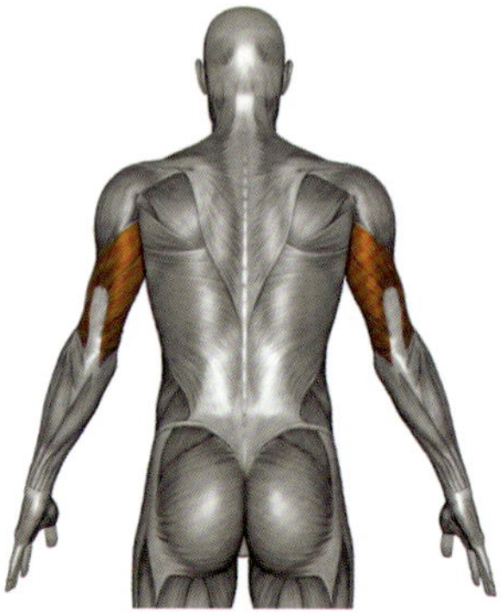

绳索下压又叫绳索下拉，它可以有效锻炼手臂肌肉和胸、背部肌肉，会让身材更显健硕有力。

练习动作

1

直立，双脚与肩同宽，重心落在臀部，身体微微前倾。双手抓住绳索，大臂夹紧身体，以肘关节为轴心，以小臂为半径做下压动作至双臂完全伸直。肘关节始终夹紧身体。注意动作中钢线运动方向要与力线方向一致。

下压到最底部时转动小臂让拳眼相对，使肌肉收缩更充分。下压时吐气，还原时吸气。

注意如果手腕有伤建议下压到底部时不做“外八字”动作即可，不需要做小臂内旋动作。

动态动作，每组12~15次，3~4组。

运动 SPORT

039 让手臂更纤细

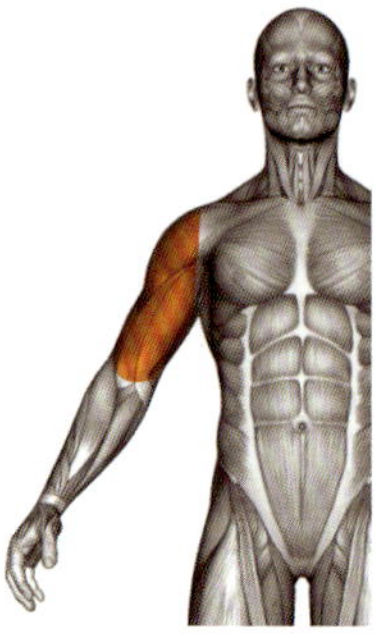

很多人体重不重，但手臂显得很粗壮，尤其是女性大多会略有松弛，那么以下这一动作能帮助你有效改善手臂赘肉的问题。消除手臂赘肉会让手臂线条更优美。

练习动作

俯卧，双臂向前伸直，掌心相对，将泡沫轴架在肘关节偏下的位置。

通过后缩肩部和挺腰的动作，将泡沫轴直臂回拉到手腕位置，当大臂赘肉收紧时回到起始姿势。

动态动作，每组12~15次，3~4组。

Part 8

腰腹部训练动作

平坦的小腹、纤细的腰部是女性的追求目标，锻炼好腰腹部肌肉有助于提高身体的稳定性和平衡感，预防腰背疼痛。女性腰部气血充足、运行通畅可以保证子宫温暖，使子宫和盆腔得到保护。

拥有强壮的腹肌也是很多男性追求的健身目标之一，更是增添美感，提升个人魅力的表现。

运动 SPORT

040 收紧腹部核心的技巧

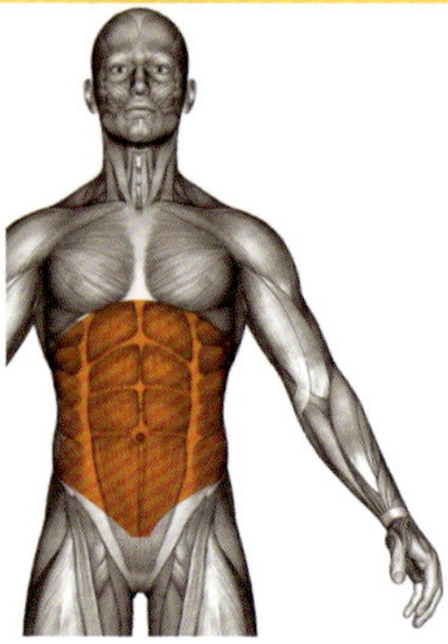

在做力量训练时一定要先收紧腹部核心。很多人误以为收紧腹部核心就是吸肚子，其实并不是这样，吸肚子不但不能收紧腹部核心，还会让肋骨外翻，挤压内脏，会给我们的身体造成损伤。

练习动作

1

站立，双脚与肩同宽。夹紧臀部。挺胸收腹。

2

将双手手指放在肚脐两侧，用鼻子深吸一口气，再用嘴吐出一半的气体，屏住呼吸。

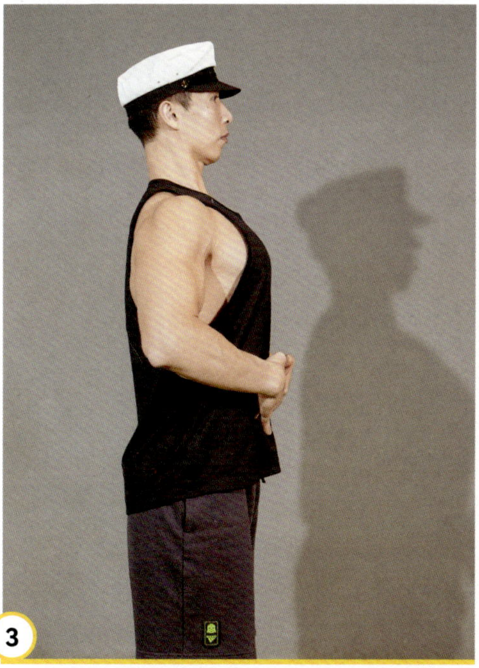

3

用手指感知，此时才是腹部收紧的稳定状态。

呼吸时保证腹部没有太大起伏，目的是以维持腹内压，保证锻炼过程中的安全。

此动作为测试动作。

运动 SPORT

041 修复腰部损伤“三件套”

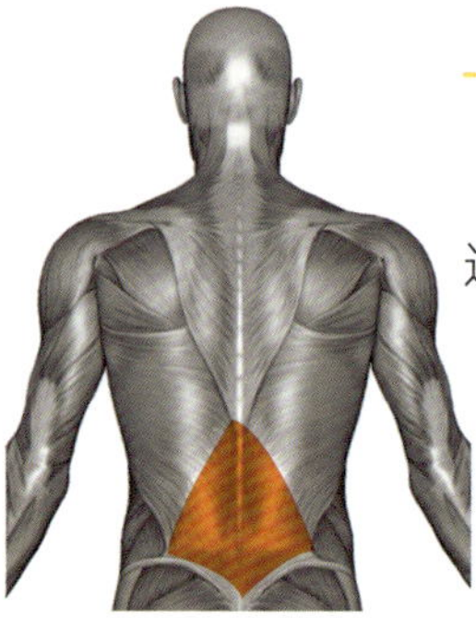

“小燕飞”指的是人们模拟燕子飞行的姿势进行肢体运动，以达到缓解腰部、颈肩部等部位肌肉劳损的目的。

练习动作

俯卧，脸部朝下，以腰腹部为支撑点回到起始姿势。双臂以肩关节为支撑点，轻轻抬起，手臂向上的同时轻轻抬头，双肩向后、向上收起。与此同时，双脚轻轻抬起，腰骶部肌肉收缩，尽量让肋骨和腹部支撑身体，保持3~5秒。放松肌肉，四肢和头部回归原位休息3~5秒。

注意只有在核心收紧的前提下做“小燕飞”才能强化腰背肌群，否则会导致腰椎的椎弓承受很大的反作用力，使腰部疼痛加剧。

动态动作，
每组12~15
次，3~4次

2

“小燕飞”动作并不适用于所有的腰部损伤，由骨盆前倾引发的腰椎疼痛需要释放腰部压力，可用抱膝滚动的姿势来放松腰部。

3

平板支撑：大臂和小臂垂直，掌心朝上，用小臂和足尖支撑住身体。身体从肩部到脚踝成一条直线，收紧腹部，夹紧臀部。目视身体前方。每组保持该姿势30秒。

运动 SPORT

042 缓解腰臀部酸痛

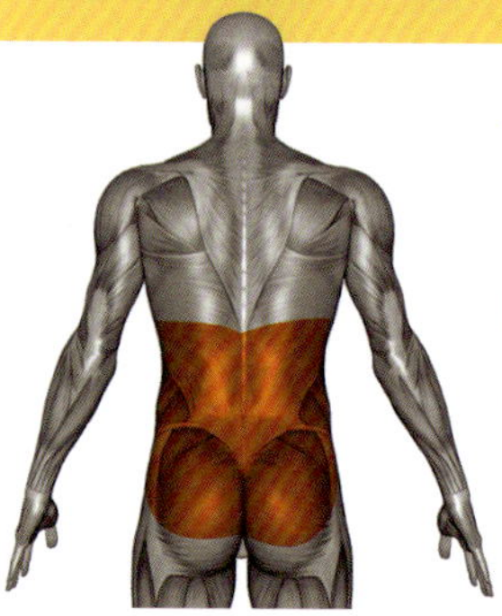

身体的柔软度和关节灵活度对身体健康有着极大的影响，肌肉僵硬、关节活动能力降低会造成慢性疼痛，下面这个方法可以有效改善腰臀酸痛。

练习动作

平躺，屈膝、屈髋成90°夹角。双手向下。

右手抓住左膝外侧，左手从后方抓住右脚脚踝，头部向左侧旋转，保持姿势30秒，能明显感到腰部和臀部有拉伸感。再换对侧重复动作。

运动 SPORT

043 不跑不跳减少腰部赘肉

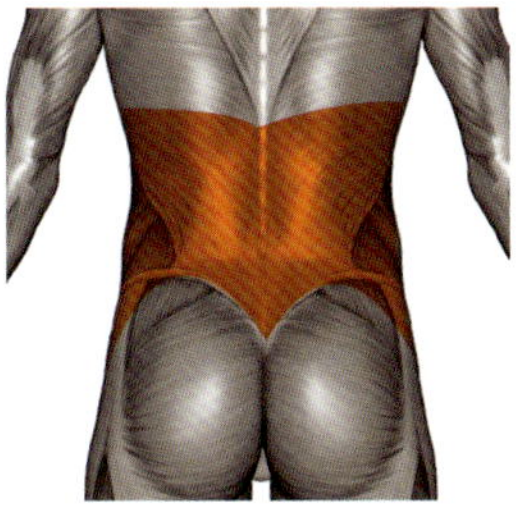

许多上班族由于长时间坐在办公室，日常缺乏运动，腰部和腹部就容易堆积脂肪，下面这个动作能帮助我们锻炼出纤细结实的腰部，使我们的体型更加漂亮优美。

练习动作

1

四点支撑跪在垫子上，重心落在手掌和膝盖上，保证腕、肘、肩成一条直线。

2

用膝关节夹住泡沫轴（帮助收紧腹部核心）。

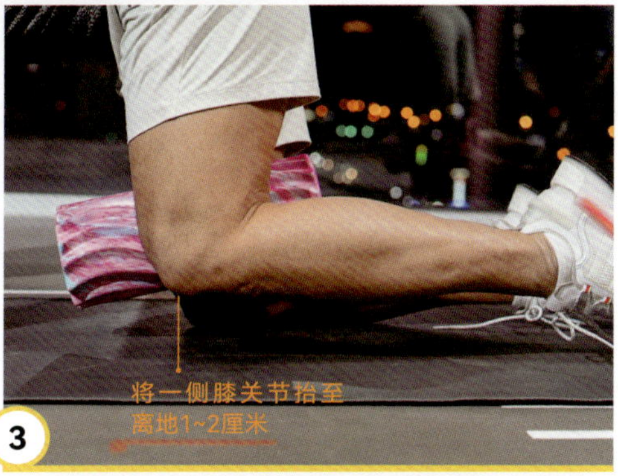

3

在保持膝关节夹住泡沫轴的姿势下，抬起一侧膝盖。用对侧侧腰发力。注意一定要提髋，感受到骨盆有侧倾感。注意动作中是要用侧腰发力使膝盖抬起，而不是单纯将重心移向一边。注意在动作中要保持上背部不动，胸廓和背部都是稳定的。

静态动作，每组1分钟，3~4组。

运动 SPORT

044 打造迷人腰部曲线

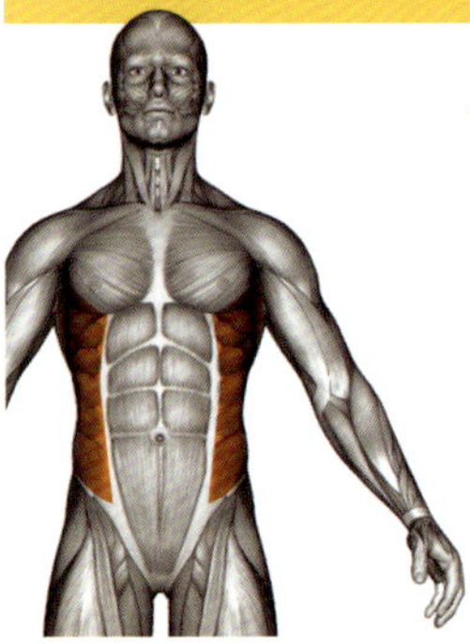

腹外斜肌位于腹前外侧部的浅层，是重要的肌肉群，它的作用是前屈、侧屈和回旋脊柱，能够起到保护内脏和肋骨的作用。通过罗马椅锻炼腹外斜肌腹，以增强腹部线条和核心稳定性。

练习动作

1

身体侧面靠在垫子上，将罗马椅的靠垫高度调至与骨盆同高。

注意凳子过低会使髋外展肌群代偿发力，凳子过高会使腹外斜肌减弱发力。

凳子过低

凳子过高

注意不可将位置颠倒，
避免骨盆侧旋不稳定。

身体靠住垫子这侧腿在后方，另一条腿在前方。

双手抱肩，微微含胸，收紧腹部。

做身体的侧向起落动作。注意动作幅度不用太大，身体不要前后晃动。下降时吸气，还原时吐气。

运动 SPORT

045 让腰部肌肉更紧致

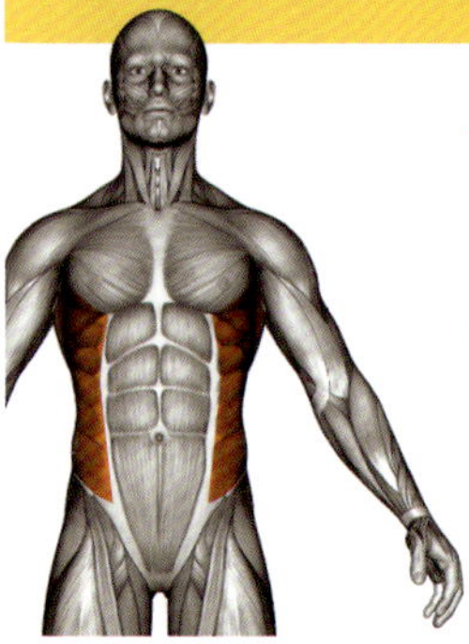

单侧抛砸药球①是利用爆发力锻炼腹外斜肌，该动作也可有效改善腹外斜肌两边形态不一致的问题，从而使得腰部肌肉线条更加紧致。

练习动作

1

双手抱药球，单腿跪姿。

注①：药球，又称重力球、健身球，常用于运动损伤的辅助恢复、康复治疗和力量训练等。

2

收紧腹部，夹紧臀部，保持躯干稳定。

动态动作，每组12~15次，3~4组。

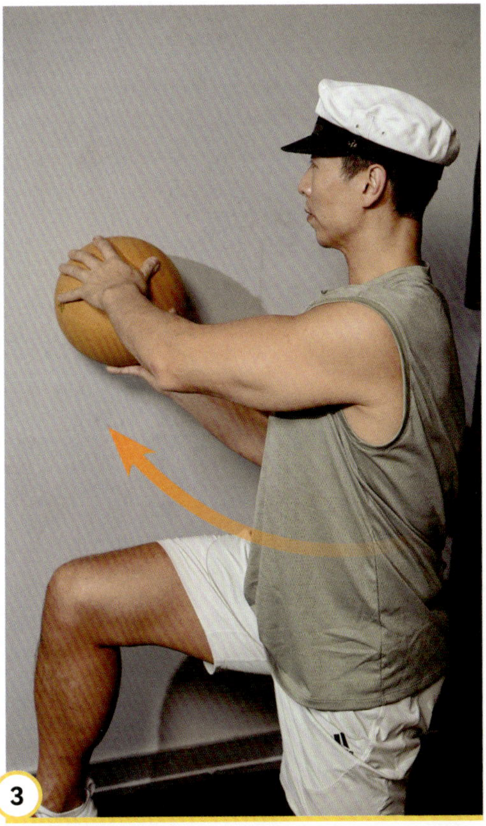

3

先做髋关节旋转，带动身体向侧面做有爆发力的砸球动作。单侧锻炼完毕后，锻炼对侧。

运动 SPORT

046 防止腰部赘肉堆积

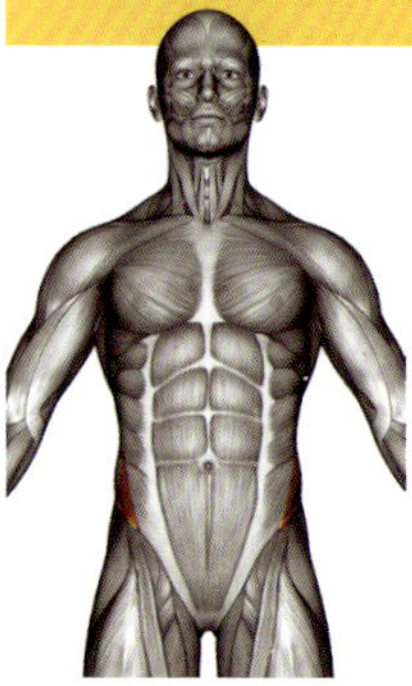

在日常运动中，我们很少会锻炼到身体侧面的肌群，这就导致它们比较薄弱，而下面这个动作——坐姿体侧屈，不仅可以有效拉伸身体侧面肌群，改善身体侧面的血液循环，还能避免腰部赘肉堆积，改善下背疼痛。

练习动作

坐在垫子上，双腿打开伸直，脚尖指向天空。双手撑于体后。

左手撑地，右手伸过头顶，向身体侧向做侧屈，保持腿部不动。抬起手的那端侧腰要有明显的拉伸感。

运动 SPORT

047 让核心更稳定

侧平板支撑主要锻炼的是手臂肌肉、腰部深层肌肉以及腿部肌肉，它能够增强核心肌群，减少背部和脊柱受伤的风险，还能有效改善体态问题。

练习动作

身体侧躺在垫子上。用小臂支撑住上半身。双腿、双脚叠放在一起。

动态动作，每组30秒，3~4组。

用力收缩腹部，收紧核心，用腰部发力，抬起髋部，直到身体从脚踝到肩部成一条直线，保持30秒，回到起始姿势，并重复动作。转身，面向右侧卧，并重复动作。

也可做动态侧桥支撑，让骨盆进行上下移动。

运动 SPORT

048 让小腹更平坦

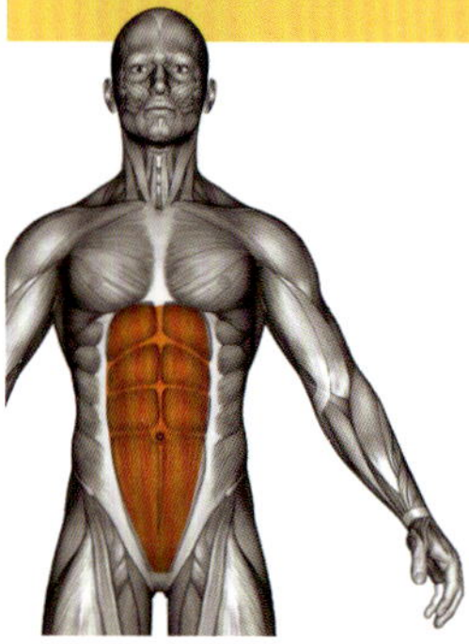

坚持锻炼腹肌可以减少脂肪，让骨骼变得坚硬，在塑造完美身材的同时还能增强人体的抵抗力。

练习动作

平躺在垫子上，双腿弯曲，双手叠放，伸直向上在胸前。

保证腰部始终在垫子上，肩胛骨离开垫子，只用脚跟着地，做卷动脊柱的运动。

在动作②的基础上做用手臂带动躯干旋转的动作。先向一边旋转30次，再向另一侧旋转躯干（做完一侧再做另一侧，不要交替做，会导致核心不稳定）。这个动作可以让腹肌线条更清晰。

运动 SPORT

049 消除下腹赘肉

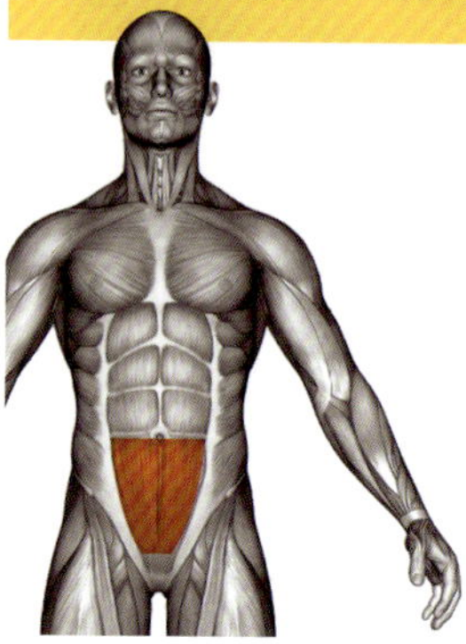

有些人四肢不胖，但下腹却有顽固性的赘肉，平时也进行锻炼，可效果却不佳，下面就来介绍一种能够改善这一状态的动作——卷尾椎运动。

练习动作

四点支撑，跪在垫子上，收紧下颌。

目视前方，骨盆翻转，卷动尾椎。感到小腹有明显收缩感，颈椎弯曲也会导致后背反弓。

还原动作时吸气，卷动尾椎时吐气，体会下腹明显收缩感。

运动 SPORT

050 练出平坦下腹

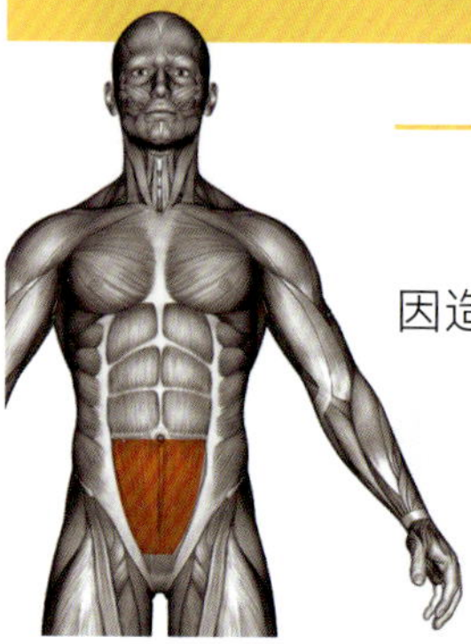

小肚子向前突出，餐后更加明显，这种问题一般是以下三个原因造成的：

原因	症状	建议
肠胃问题	饭后胃部有胀气、下垂或打嗝	建议去医院治疗
骨盆问题	如果站直时身体挺直、腰部反弓曲度很大、小肚子向前鼓出、久站会很酸痛，就属于有骨盆前倾的体态问题	建议进行骨盆前倾的矫正，拉伸髂腰肌、竖脊肌，锻炼腹肌和臀大肌
腹肌薄弱问题	平时腹部锻炼较少，导致腹部深层肌肉薄弱，饭后肠胃向外鼓出	建议跟随本节介绍的动作进行练习

练习动作1

1

保持俯卧姿势，用小臂和脚尖支撑身体。

感觉腹部肌肉明显收紧。

静态动作，每组1分钟，3~4组。

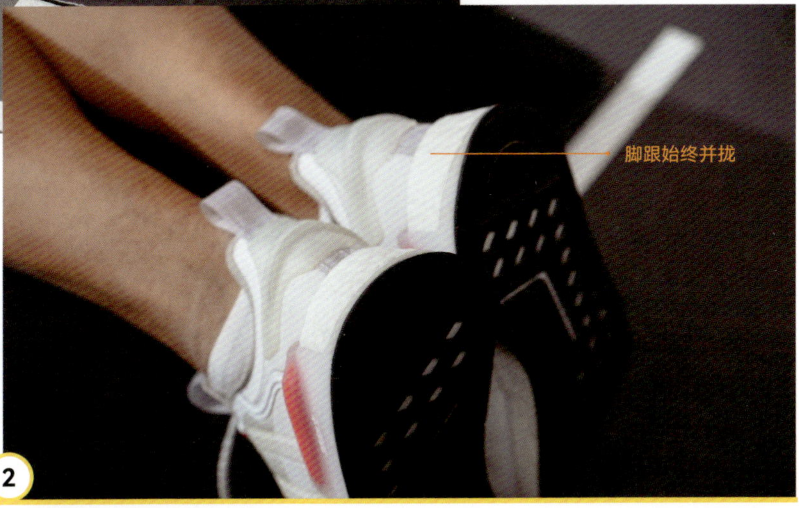

2

下沉时夹紧臀部，以保持核心稳定。

练习动作2

“V”字卷腹：坐在垫子上，双手和臀部支撑身体，保持身体后仰。脚跟并拢，提膝做骨盆翻转工作。

双腿缓慢向前蹬出。蹬出时吐气，感受腹部张力。

还原至起始位置，还原时吸气。感受腹肌有明显挤压感。

还原至最低点时，腹部持续有挤压感。

动态动作，每组12~15次，3~4组。

运动 SPORT

051 平躺卷腹锻炼腹直肌

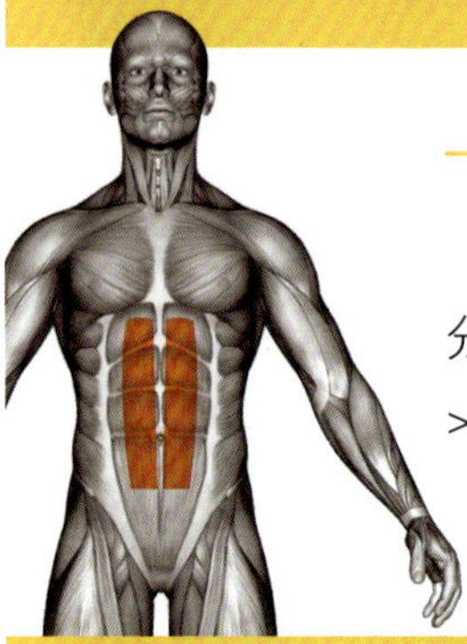

腹直肌就是腹部前侧的两束肌肉，中间是腹白线。腹直肌分离就是指肌肉在腹白线位置分别向两侧分开，一般指分离距离>2cm（>2指宽），妊娠是引起腹直肌分离常见的原因。

练习动作

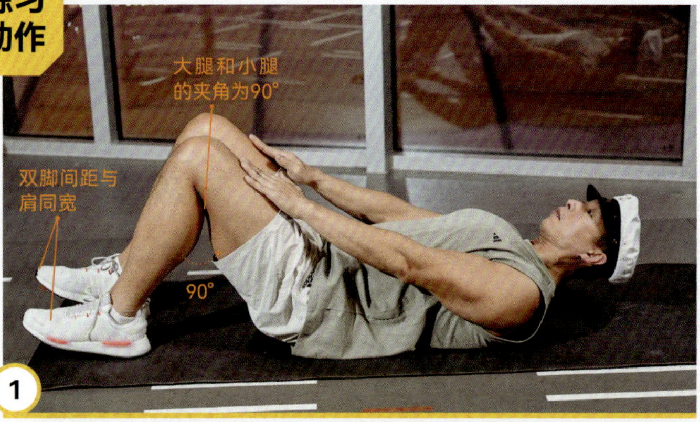

平躺，屈膝。双腿要尽量回撤，头部悬空，收紧下颌。骨盆做后倾动作，让腰椎贴近垫子，以保证腰椎安全。全程颈部不做任何动作。

动态动作，每组12~15次，3~4组。

伸直双臂摸膝关节，全程脚跟落地，动作幅度不要过大，收腹时吐气，还原时吸气。

运动 SPORT

052 有效锻炼下腹部，收紧小肚腩

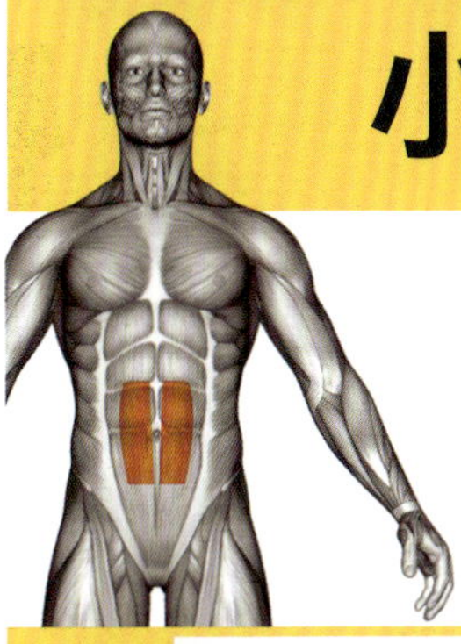

平躺卷下腹是一种针对下腹部的锻炼方法，可以有效地刺激和强化腹部肌肉，特别是腹直肌的下部。这个动作类似于仰卧起坐，但重点在于卷动下腹部而非整个上半身。

练习动作

动态动作，每组12~15次，3~4组。

躺在垫子上。双臂放在身体两侧，掌心向下。头部抬离地面，胸部、上背贴紧垫子，双手抓住垫子边缘，保持上肢稳定。微微屈膝，将髋部和下背部抬起，同时将膝盖向身体侧卷动。

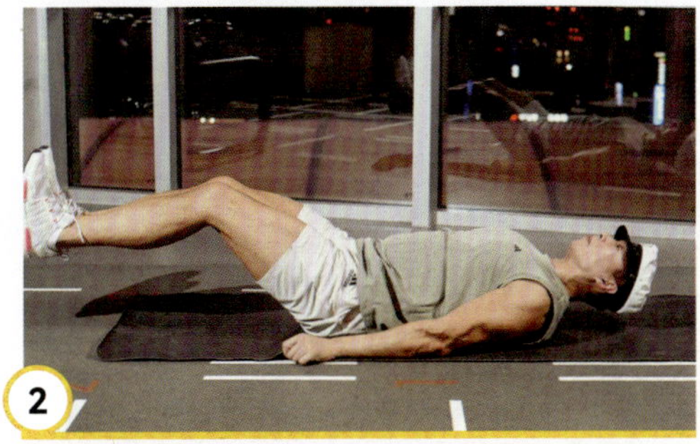

腿部缓慢回落，感受腹肌被拉长。屈髋，屈膝，减少大腿根部肌肉代偿发力。

停顿片刻，再次重复步骤①的动作，下放时吸气，抬起时吐气。

运动 SPORT

053 全方位打造马甲线（1）

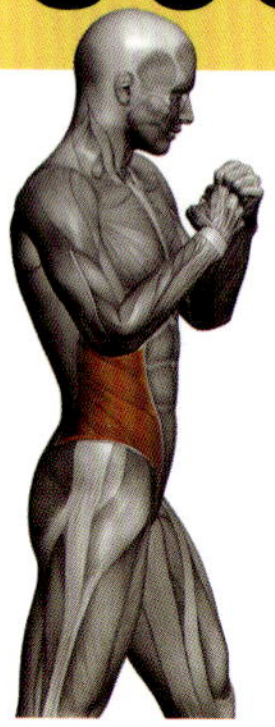

腹肌和腹外斜肌之间经过锻炼之后会形成肌肉的轮廓线，这就是人们常说的马甲线。许多女性健身的首要目的就是想练出漂亮的马甲线，那么下面就介绍一组能够有效练出马甲线的方法。

练习动作1

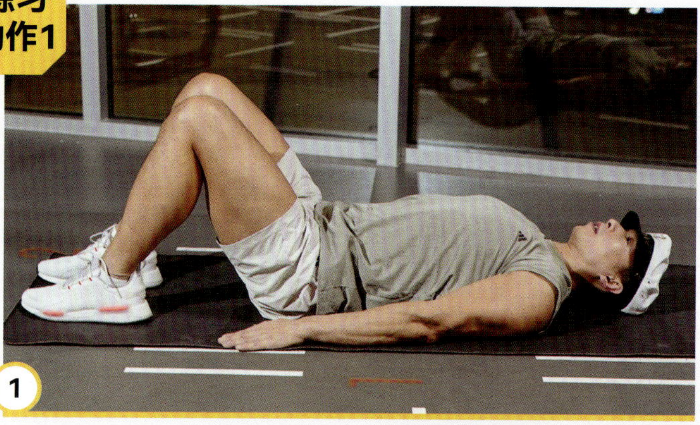

1

躺在垫子上，双腿弯曲，双手自然放在体侧。

腹肌耐受力很强，所以组间休息要短，用高频来刺激腹肌。动作与动作之间休息30秒，这套腹肌计划每周做4次，一个月就会出现明显的变化。

动态动作，每组1分钟，3~4组。组间休息30秒。

2

注意不要左右足跟交替摸，要摸完一边足跟25次，再摸另一边足跟25次。注意不要交替摸两侧足跟，以减少臀部摩擦。

练习动作2

1

平躺在垫子上，收紧下颌，头部悬空，预先吐出一口气。目的是收紧腹横肌。

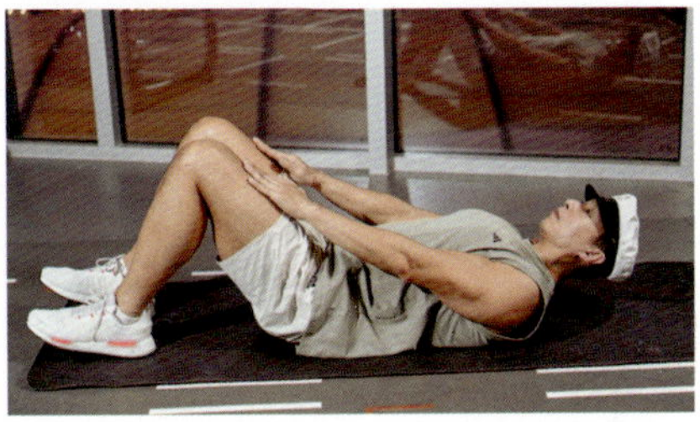

静态动作，每组1分钟，3~4组。

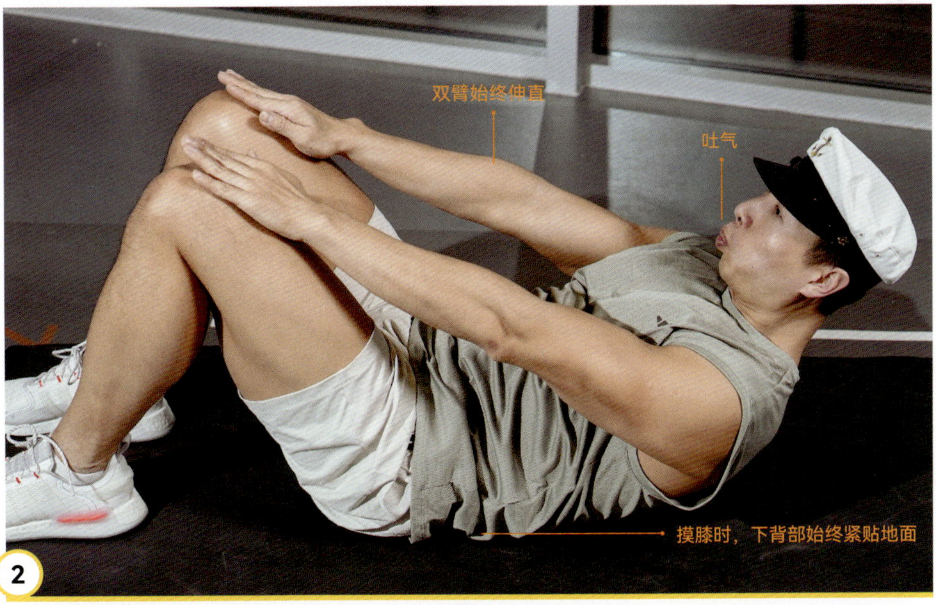

2

吐气时做脊柱前屈，用腹肌的力量将上腹部和肩部卷离地面，并带动双手去摸膝盖。保持10～20秒，这样卷腹才会最大程度地刺激深层腹部肌肉。

练习动作3

起始动作。平躺在垫子上，双腿弯曲。肋骨下沉，双手掌心向下放在体侧。

收紧下颌，头部抬起，抬起双腿。先上摆至大腿部和躯干成90°的姿势，从左至右开始画圈。先顺时针画10圈，再逆时针画10圈。全程不要憋气，保持动作匀速。

动态动作，每组10次，3~4组。

运动 SPORT

055 改善骨盆前后倾

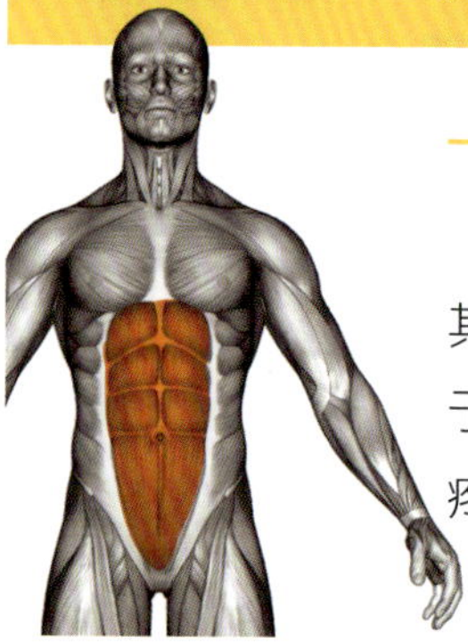

仰卧蹬自行车的动作经常会被误认为可以锻炼腹肌下部，但其实在动作过程中骨盆并没有发生卷动。该动作最重要的作用在于能让骨盆稳定，改善骨盆前倾和后倾的问题，并有效避免下背疼痛。

练习动作

身体平躺在垫子上，双手放在体侧。上肢固定，保持腰部自然曲度。抬头，收紧下颌。

身体向前屈，收紧腹部。眼睛看着膝关节，注意全程看向膝盖。

动态动作，每组12~15次，3~4组。

左腿水平向前蹬出，尽量用脚跟向外蹬出。蹬出时吐气，还原时吸气。换右腿进行重复动作。

运动 SPORT

056 有效减小腰围，改善腰部疼痛

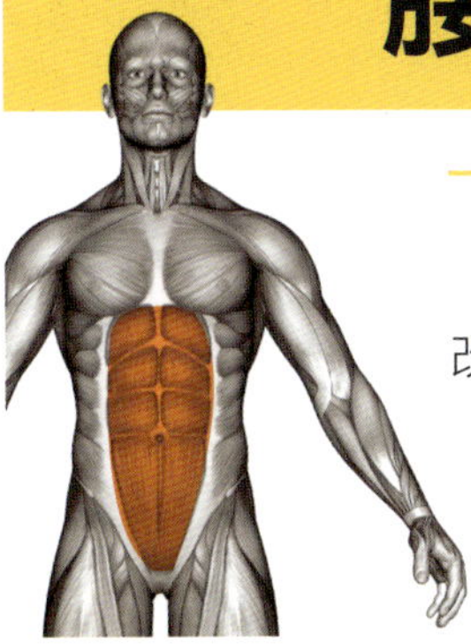

普拉提运动可以强力收缩腹肌，不仅有效减小腰围，还可以改善腰部疼痛的问题。

练习动作

平躺在垫子上，双手放在体侧。手不触地。上肢固定，保持腰部正常曲度，不要过分反弓。双腿抬起。

身体向前屈，收紧腹部。眼睛看着膝关节，注意全程看向膝盖。

动态动作，每组12~15次，3~4组。

双臂伸直，做向下拍打的动作。注意全程只有手臂动，身体不动。

运动 SPORT

057 简单易行的小肚腩消除法

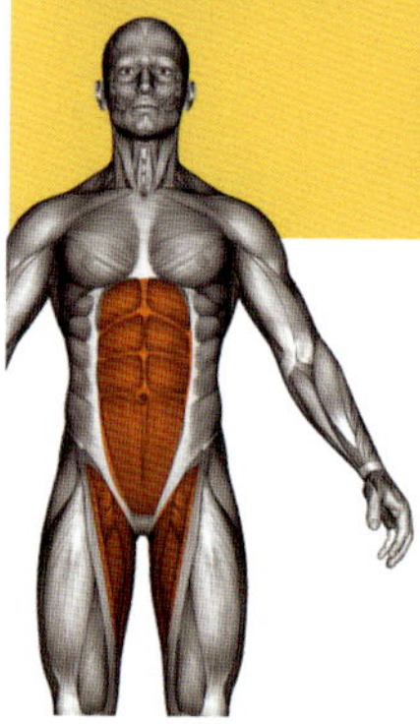

健身球卷腹可以在紧实大腿内侧肌肉的同时消除小肚腩。

练习动作

平躺在垫子上，腰部尽量向下压，腰部和垫面贴紧，不可弓腰。双腿脚踝夹住健身球。

双腿缓缓地抬起，抬至臀部完全离开垫面。感受骨盆卷动，下腹收缩。

慢慢回落至腿部与地面成45°夹角的位置。重复动作。注意缓慢地还原过程肌肉才有离心收缩①，下腹才会充分发力。

动态动作，每组12~15次，3~4组。

注①：肌肉在收缩产生张力的同时被拉长的收缩称为离心收缩。如下蹲时，股四头肌在收缩的同时被拉长，以控制重力对人体的作用，使身体缓慢下蹲，起缓冲作用。

运动 SPORT

058 对腰椎友好的下腹部训练法

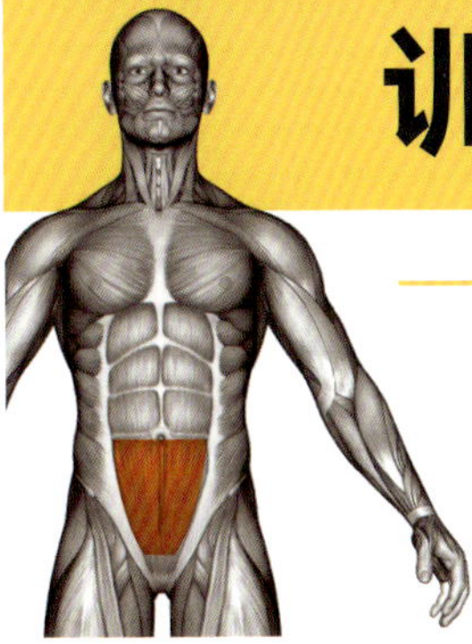

常规的仰卧举腿动作并不会锻炼到腹肌，而下面这个改良版的动作则不同，它会使腹部和腰部为了维持骨盆的稳定而做等长收缩，以此来精准、有效锻炼下腹部。该动作尤其适合有骨盆前倾体态的人群。

练习动作

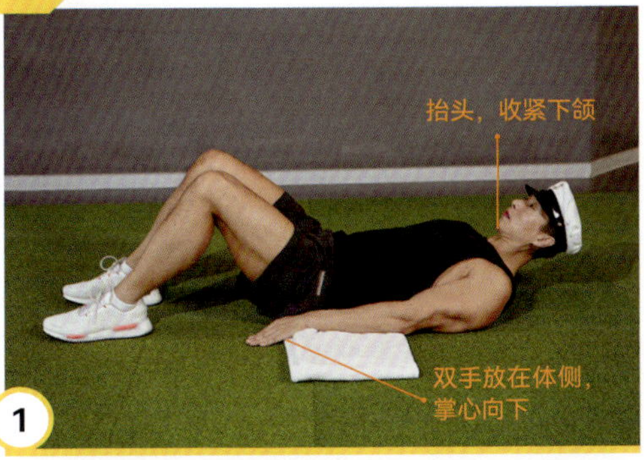

腰部垫一块大毛巾，用以弱化腰部发力。

平躺在垫子上，腰部垫一块大毛巾，用以填满骨盆前倾造成的腰部反弓曲线。保持核心稳定。双脚微曲踩地，与髋同宽。

动态动作，每组12~15次，3~4组。

双腿抬到90°，令臀部完全离开垫子后，做骨盆翻转，感受下腹部发力。抬起时吐气。

还原时双腿回落。还原时吸气。

运动 SPORT

059 充分刺激腰腹部肌群

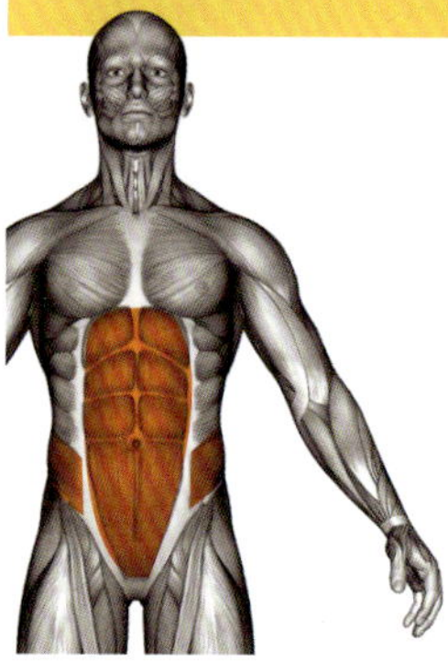

使用健腹轮既可以锻炼到全身，还可以帮助锻炼腹肌。在使用健腹轮的过程中，要注意手臂伸直，在动作过程中尽可能伸直手臂，这样可以让身体自然形成一个杠杆力，从而帮助稳定肩胛骨，减少能量流失，让更多的力量专注于腹肌上。不要一开始就尝试高难度的动作，可以从简单的动作开始，逐渐增加难度。

练习动作

双膝跪在垫子上，腰部保持正常曲度，不要过分反弓腰部。双手握住健腹轮手柄，肩、肘、腕成一条直线。低头微收下颌。双膝间距与髋同宽。

双脚交叉，将健腹轮轻轻向前推出，推到腹部和地面成30°夹角即可。

还原时保持手臂和地面成一条垂直线即可停止，不要过度向躯干滑动。

运动 SPORT

060 收紧小肚腩，卷腹效果最大化

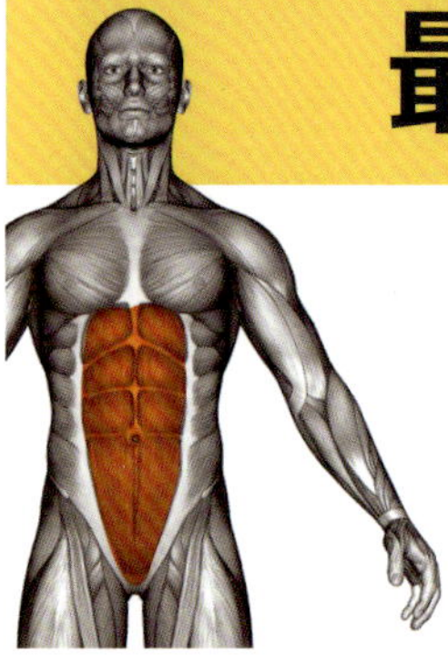

仰卧起坐能够平坦小腹，收紧小肚腩，但在动作过程中，大多数人都会疑惑一个问题——双腿是要并拢还是要分开？

练习动作

平躺在垫子上，大小腿夹角为90°，双腿弯曲，双脚踩实地面，双手放于体侧。

2

双膝、双脚与骨盆同宽，做脊柱转动动作，双手向前伸直触膝。这样做可以保持躯干没有任何的横向扭动，还可以更精准地刺激到腹部，发力感更强。躯干抬起时吐气，还原时吸气。

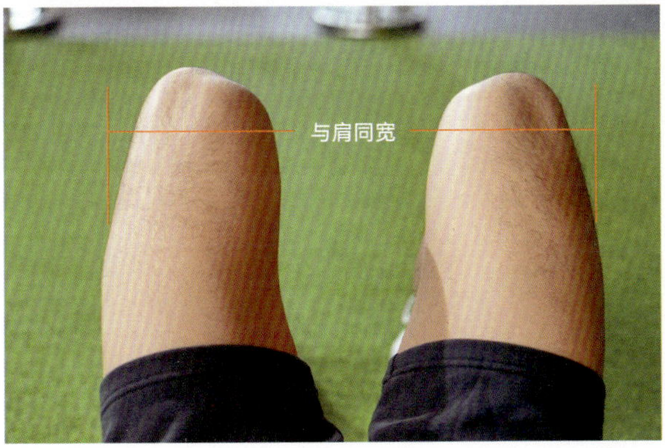

注意不可双膝并拢做动作，会使大腿成内旋状态，使大转子关节被顶出，引起胯骨疼痛和假胯宽的问题。

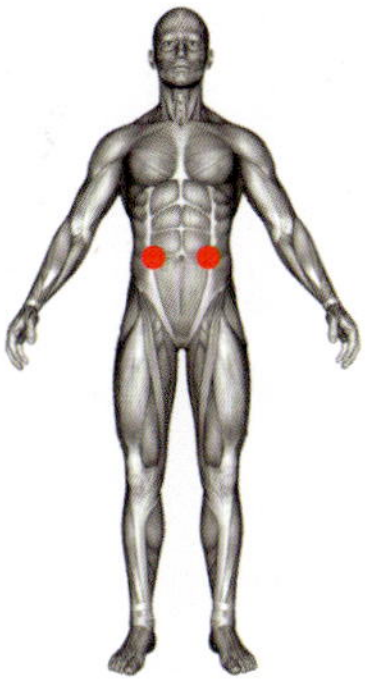

动态动作，每组12~15次，3~4组。

错误动作示范

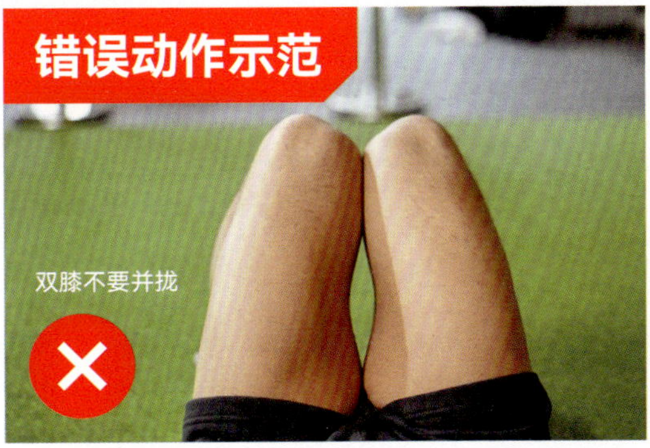

Part 9

臀部训练动作

臀部肌肉是身体最大的肌肉群之一，锻炼臀部可以提高基础代谢率，促进脂肪燃烧，有助于控制体重和塑造优美体型。对于经常久坐的人群来说，锻炼臀部还可以缓解腰部和背部的压力，预防腰椎间盘突出和坐骨神经痛等疾病。

运动 SPORT

061 正确拉伸大腿后侧，让臀部变得上翘

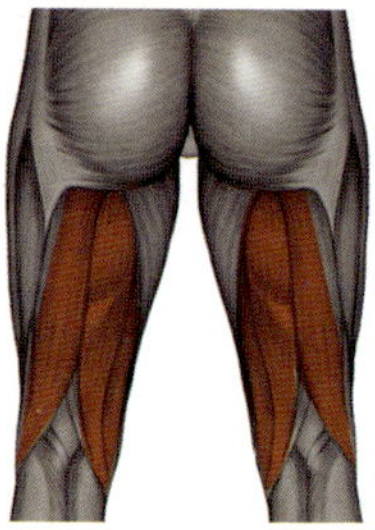

许多锻炼者都会有这样的疑问，明明经常锻炼臀部，但为什么上翘却不明显呢？很有可能是因为没有拉伸大腿后侧肌肉，这就导致大腿后侧肌肉紧张，从而把臀部向下拽。拉伸大腿看似简单，实际上有许多细节需要注意。

练习动作

1

站立，把右腿搭在固定处，脚放置的高度要低于骨盆，双手自然下垂。如果腿部抬得过高，那么在拉伸时，腰部会有额外压力。

2

双手放在右腿根部，俯身向前，右腿膝盖保持微微弯曲。如果膝盖伸直会造成韧带压力增大变松弛，导致膝盖在运动中不稳定。

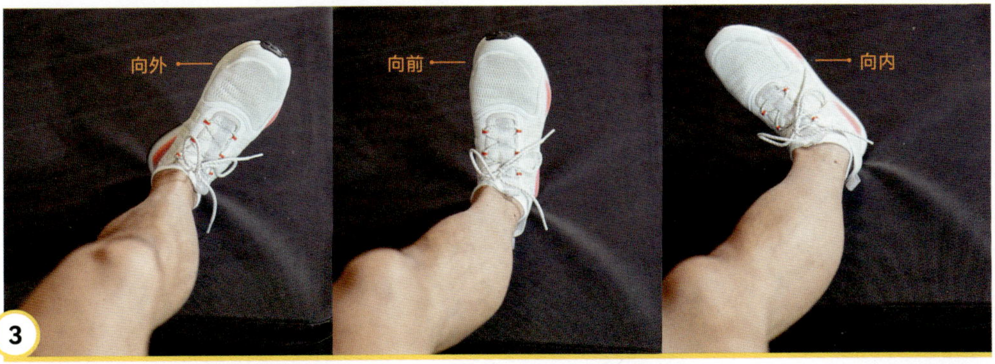

3

拉伸时脚尖向外、前、内三个方向摆动，注意膝关节也要和脚尖一起转动，可以使拉伸更充分，彻底拉伸大腿后侧。

运动 SPORT

062 让腰臀分界线变明显

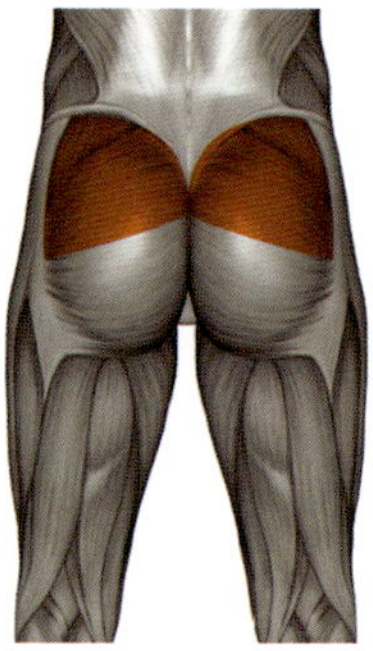

要想让腰臀分界线变明显，练好上臀很重要。而上臀只有在得到精准的拉伸后再锻炼，才能提升髋关节活动度，提高肌肉的延展性和弹性，进而更好地去训练。

练习动作

1

将右腿弯曲，架在固定物上。屈膝、屈髋成90°，即髋关节和身体夹角为90°。身体保持挺直。左腿向后撤一步。

静态动作，每组1分钟，3~4组。

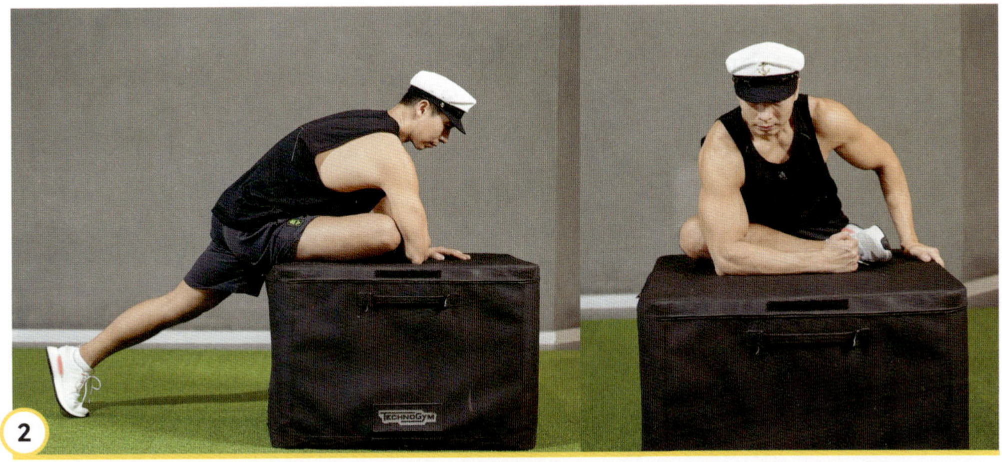

左腿向后蹬直，身体向前俯身，固定住髋关节和膝关节。这个动作可以彻底拉伸臀部。

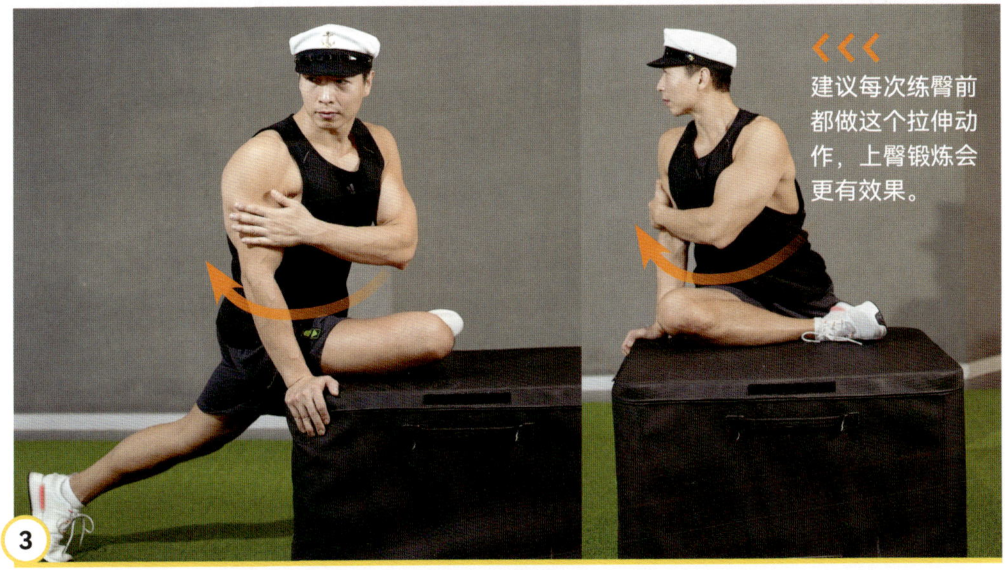

左手搭在右臂上，保持上肢的稳定。身体向右侧做旋转，感受上臀拉伸感。两边交替进行。

运动 SPORT

063 交叉步让臀部更加挺翘饱满

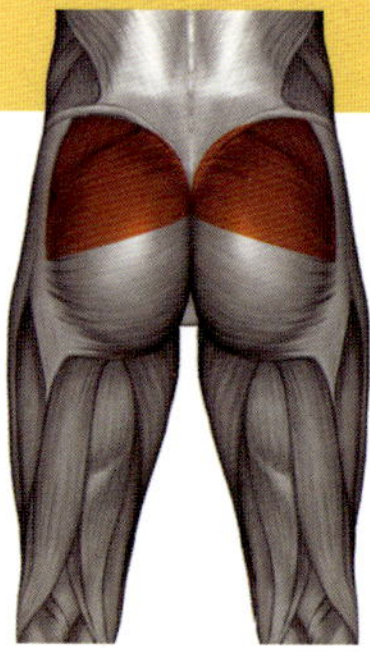

交叉步动作可以使臀部更加挺翘饱满，它是锻炼上臀的运动中最简单、有效的方式。

练习动作

动态动作，每组12~15次，3~4组。

1

身体站直，双手叉腰，双脚与肩同宽。

2

身体俯身前倾，幅度可以大一些。用右脚脚掌的外侧作为支撑地面的发力点，保持右腿膝盖向外，稳定好侧臀。左腿向身体对侧后方迈交叉步，体会上臀的发力感。

运动 SPORT

064 改善臀凹陷，美化上臀

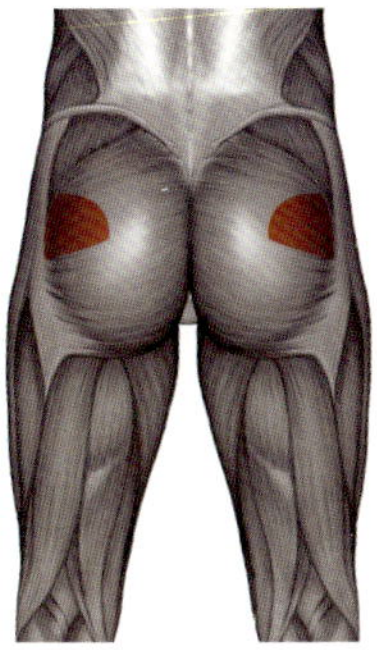

臀小肌位于臀中肌深面，经常锻炼可以增强髋关节的灵活度。坐姿器械髋外展能使臀部侧面肌肉发力，拉长臀上部肌纤维，有效锻炼臀小肌。

动态动作，每组12~15次，3~4组。

练习动作1

坐在坐姿髋外展器上，身体前倾，双脚踏住踏板，双膝抵住两侧的护板，臀部向后推出，紧紧坐在椅子根部。此时身体最稳定。背部保持中立位，反弓5°~10°。

手放在器械前，向前推。保持双手推力不减的情况下，双腿向外展开。打开时吐气，还原时吸气。此动作建议用慢速来做。动作中身体不要晃动。

练习动作2

髋关节外展。

动态动作，
每组12~15
次，3~4组。

1

站立，将弹力带套在膝关节上方，双手叉腰，屈膝屈髋。身体向前俯身。低头收紧下颌。

2

膝盖外展，注意脚不要移动，这样做可以激活侧臀肌肉。打开时吐气，还原时吸气。

练习动作3

髋关节外旋。

平躺在垫子上，双腿弯曲，双手放在体侧，掌心向下。顶起腰部，臀部悬空，令身体成一条悬空的斜线。

动态动作，每组12~15次，3~4组。

保持上半身和一侧大腿平直的状态，另一条腿向外画圈。

全程腰部不要落地。左右腿交替画圈。外展时吐气，内收，还原吸气。

运动 SPORT

065 打开髋关节，为训练臀部做准备

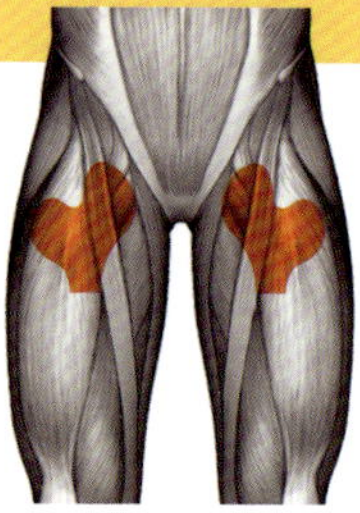

很多女性在锻炼侧臀时收效甚微，这其中很大一部分原因是髋关节没有打开，其实，一根木棍将有效解决这一困扰。

练习动作

1

坐在固定物上，双脚离开地面。

静态动作，每组1分钟，3~4组。

2

将棍子从右腿膝盖外侧插到右腿小腿后方，用右脚前脚掌固定住棍子。

3

双手握住棍子，向身体里侧下压（目的是增加髋内旋的功能，充分拉伸侧臀肌肉）。保持30秒后换另一条腿重复动作，做2次即可。

运动 SPORT

066 居家训练打造翘臀

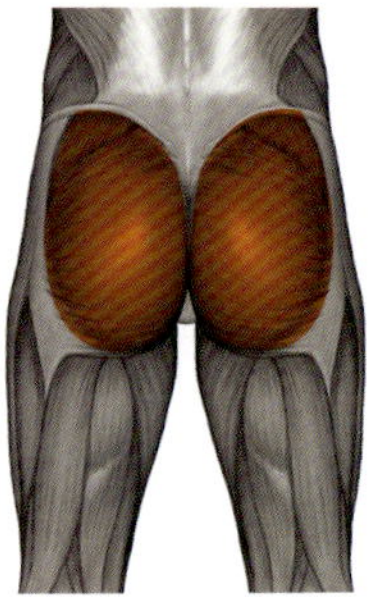

许多上班族女性由于长期保持坐姿办公，导致臀部肌肉运动不充分，顶髋臀桥的动作就能够帮助锻炼者充分锻炼臀部肌肉，在练出翘臀的同时，还能促进血液循环，提高骨盆的稳定性。

练习动作1

1

坐在垫子上，双膝上方套入并用力撑紧弹力圈，双膝与髋关节同宽。

静态动作，每组1分钟，3~4组。

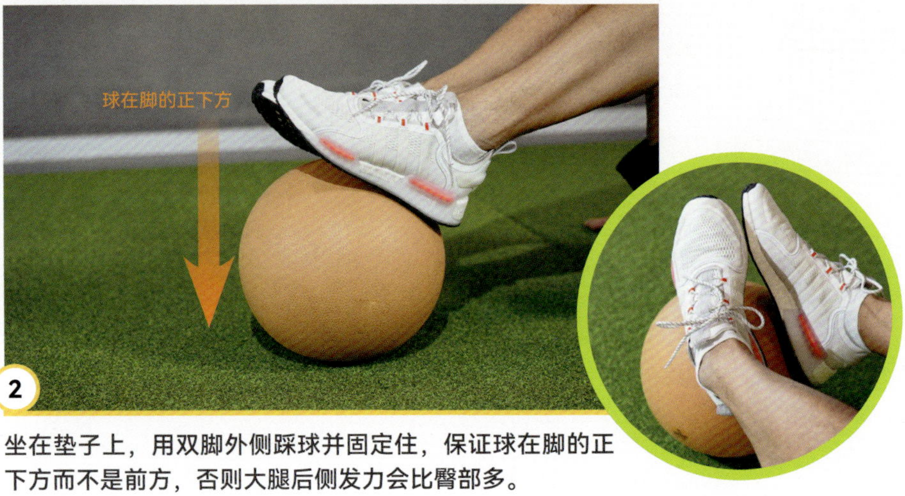

2

坐在垫子上，用双脚外侧踩球并固定住，保证球在脚的正下方而不是前方，否则大腿后侧发力会比臀部多。

3

平躺在垫子上，双腿微微分开，用双脚外侧踩住球。用臀部力量将髋部向上顶起，使身体从肩部到膝盖成一条直线。全程保持弹力带紧绷状态。

静态动作，每组1分钟，3~4组。

练习动作2

弓箭步姿态，准备一根弹力带，将弹力带一端固定，另一端绑在左腿膝盖下端外侧。

注意锻炼过程中双脚脚尖要始终向前，不要随着膝盖做外八字动作，否则会给脚踝造成压力。

动态动作，每组12~15次，3~4组。

屈膝、屈髋成90°大弓箭步姿势。膝盖向外侧展开，感受侧臀在发力。外展时吐气，还原时吸气。

运动 SPORT

067 改善扁平臀

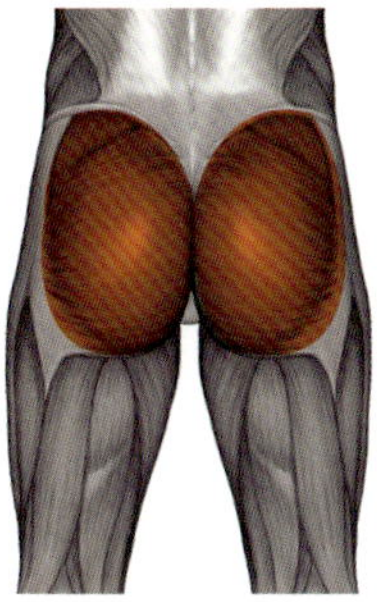

久坐会导致臀部侧面肌肉力量弱化，从而支撑不起臀部，在家坚持做下面的练习，能有效改善臀肌无力导致的扁平臀的情况。

练习动作

侧躺在地上，左小臂支撑地面，保持拳眼向上姿势。

将右腿抬高至与地面间的夹角为30°左右，目的是避免髋关节在动作中出现弹响。

始终勾脚尖，脚跟向外蹬出，做1分钟顺时针画圈动作。动作中不要憋气。全程支撑侧手臂，要保持肩、肘之间的连线与地面垂直。

脚跟向身体外侧旋转，做1分钟逆时针画圈动作。如果感到侧臀部位酸痛说明姿势正确。两边交替进行。

动态动作，每组12~15次，3~4组。

运动 SPORT

068 让臀部肌肉更紧实

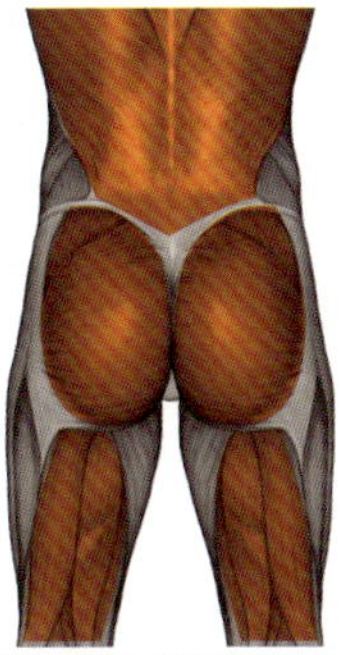

史密斯深蹲是指在史密斯机上进行的深蹲练习，它可以防止重心前移对腰部产生伤害，并可以对臀部、腰背部、腿部的肌肉起到锻炼作用。

练习动作1

静态动作，每组1分钟，3~4组。

1 将固定器械上的横杠放在斜方肌位置。

2 身体保持正直。

3

左脚向前迈半步，目的是避免动作中膝盖有额外压力。目视前方，挺胸，腰不可过度反弓。

动态动作，每组12~15次，3~4组。

4

下蹲，至大腿和小腿夹角成90°即可。腰部不要过度反弓。脚尖不要抬起。下蹲时吸气，起身时吐气。

练习动作2

平躺在垫子上，屈膝、屈髋。双脚分开。挺胸收腹，双手放在身体两侧，掌心向下。

向上顶髋，收紧臀部，保持身体成一条直线。此时能感到臀部肌肉成绷紧状态。

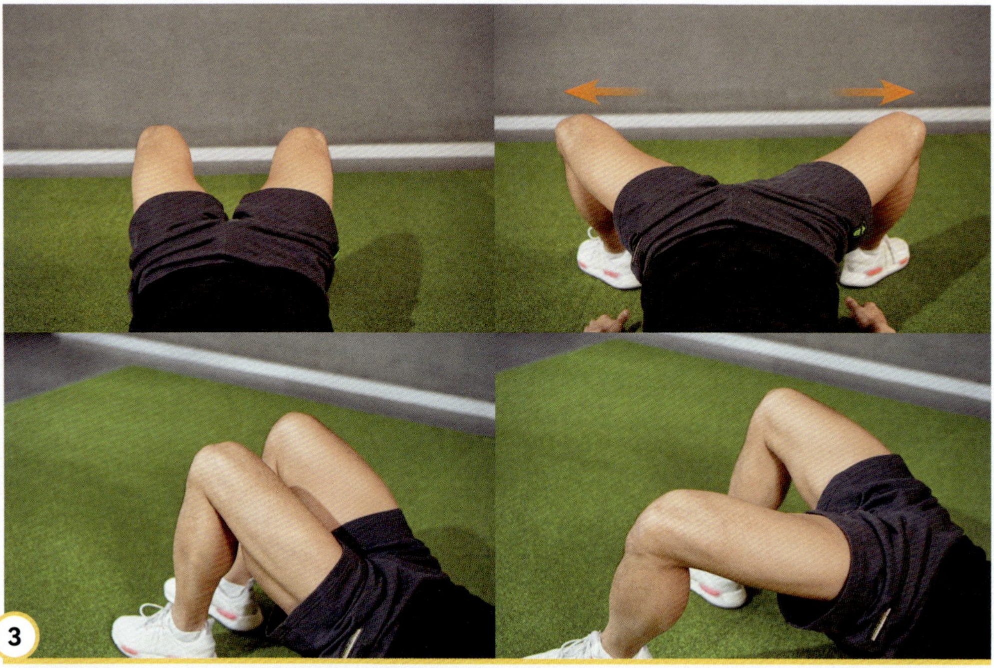

3

在图②基础上做外侧跨步（左跨一步右跨一步，左腿收回时右腿也收回），膝关节始终要和脚尖同方向。否则膝关节内侧会有额外压力。

向外跨步时吐气，还原时吸气。如果想要增加训练强度，可以在膝关节上方位置套一个弹力圈。

动态动作，每组12~15次，3~4组。

运动 SPORT

069 改善臀部两侧凹陷

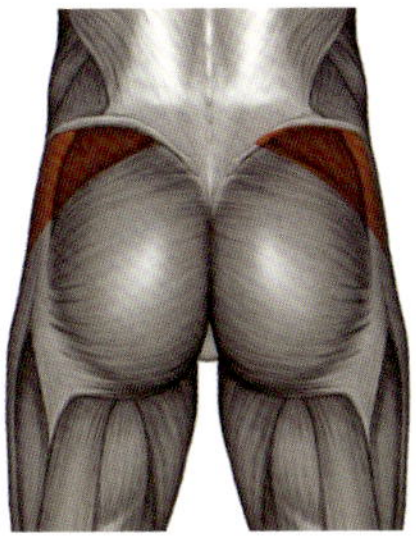

臀部两侧凹陷主要是因为臀中肌肌无力造成的，侧卧蚌式动作练习可以有效使臀中肌肌肉变得发达。

练习动作

动态动作，每组12~15次，3~4组。

身体侧卧，双脚叠摞。上肢双手支撑身体，在膝关节上方两指的位置套一个弹力圈。

如果想要锻炼臀部深层肌肉，外旋到顶点（最大张力）时保持3~5秒钟姿势不变，重复训练即可。动作中上肢不动，全程腿跟不要离地。动作速度不要过快。大腿外旋时吐气，还原时吸气。

运动 SPORT

070 避免练出方形臀

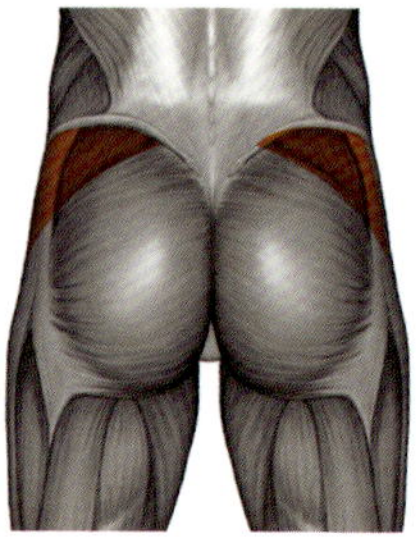

日常锻炼中，如果髋外旋的动作做得少，会导致臀中肌不够发达，臀部侧面的支撑力不足，使得臀部下垂，造成上臀厚、侧臀薄、下臀厚的方形臀体态。下面这个髋外旋的动作就能很好地改善方形臀。

练习动作

身体俯趴在跳箱上。屈膝、屈宽。双手抓住跳箱前端。低头，收紧下颌。保持腹肌收紧。

静态动作，每组1分钟，3~4组。

双手抱住跳箱，骨盆抵住固定物边缘。注意不可将大腿前侧放在跳箱上分担重量。

3

做大腿向上抬起的动作，注意大腿和小腿的夹角要始终保持90°，双腿抬至和上半身平齐的程度即可，过高会对腰部产生额外的压力。抬起时吐气，回落时吸气。

›››

大腿和小腿的夹角要始终保持90°，双腿抬至和上半身平齐的程度。

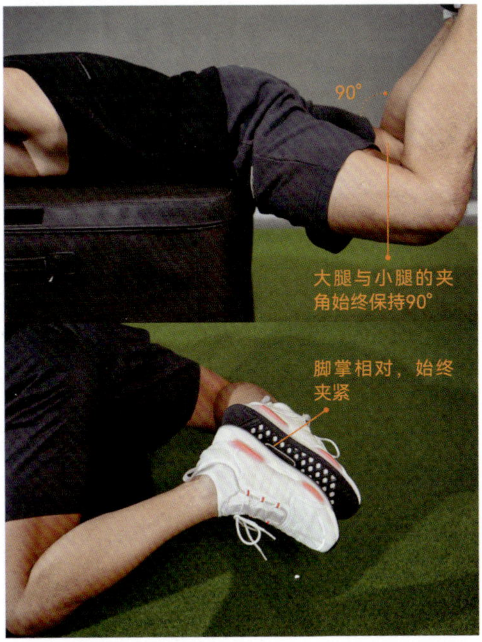

动态动作，每组12~15次，3~4组。

运动 SPORT

071 提升臀线，使双腿更显修长

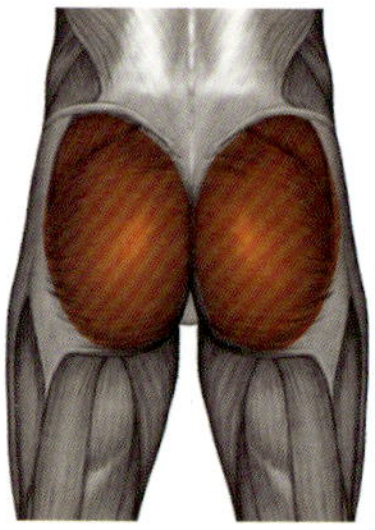

臀部分为上臀部和下臀部，锻炼下臀部可以提升臀位线，使腿部更显修长，具体锻炼方法有直腿硬拉、臀桥等；锻炼上臀部则可以改善臀部扁平、臀两侧凹陷的问题，具体锻炼方法有坐姿髋外展、侧卧蚌式等。

练习动作1

上背部靠在健身球上，在膝关节下方套住一个弹力带。双手放在身体两侧。

注意双脚不要成“外八字”，会缩短髋外展外旋的幅度，还会造成膝关节内扣，对膝关节内侧造成压力。

将臀部向上顶起，使身体从肩部到膝盖成一条直线。在抬起的过程中，确保肩部和上背部保持稳定。

在保持图②的姿势下。做双腿膝盖向外展开的动作，幅度尽量大。保持5秒钟再回到图①的姿势。双手可以轻轻撑在地面上，保持躯干稳定。

动态动作，每组12~15次，3~4组。

跪姿踢腿能够提高臀线，使臀部更加对称饱满。而且这是一个简单而有效的健身动作，可以在家中轻松练习。

练习动作2

跪在垫子上，四点支撑，保持肩、肘、腕成一条直线。大腿、小腿夹角成90°。双膝间距与髋关节同宽。

动作全程保持肌肉紧张，中途不要憋气。注意动作中颈椎和腰椎保持不动，以避免增加脊柱受伤的风险。

2

将右腿抬起，保持大腿、小腿夹角不变的前提下，将大腿向身体上方蹬出。用臀部力量控制向后抬腿的高度和速度，保持5秒钟，然后慢慢放下。重复20 ~ 30次后，换另一条腿进行。不要向身体后方蹬，而是向天空方向蹬。蹬出时吐气，还原时吸气。

错误动作示范

动态动作，每组12~15次，3~4组。

错误动作说明

小腿垂直于地面，而不是与地面平行。

运动 SPORT

072 梨形身材要这样练臀

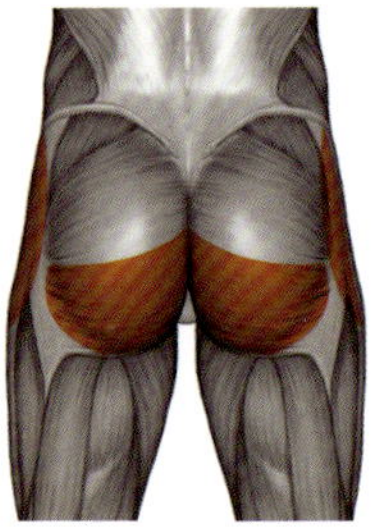

对于梨形身材的女性来说，锻炼臀部最有效的方法就是直腿硬拉，因为它可以有效防止臀两侧和臀下侧堆积大量的脂肪。

练习动作1

1

双脚与髋同宽，关节微曲，双臂向下抓起杠铃。

2

发力将杠铃拉起，下降时吸气，起身后吐气。注意杠铃下降幅度要超过膝关节。拉起杠铃时，注意要夹紧臀部。目的是更好地刺激下半身肌群发力。

注意杠铃下降幅度要超过膝关节，拉起杠铃时骨盆向后倾。

动态动作，每组12~15次，3~4组。

练习动作2

龙门架后摆腿是女性锻炼时的常用动作，这个动作看似简单，其实隐藏着许多细节。如果做对了，它能帮助我们提升臀线，让腿显得更加修长。如果做错了，它不仅会损伤腰部肌肉，还会让小腿变得更粗壮。

1

将拉力器把手调至底端。绑带固定于单侧足弓上。另一只脚踩在杠铃片上。对侧脚踩在杠铃片上可以更好地增加支撑脚的抓地能力。

双手扶住龙门架，保持身体平衡。身体前倾60°，身体前倾会减少腰部的负荷，保护腰椎，同时拉长上臀，使其更加充分地发力。屈膝，让大腿和小腿的夹角尽量保持成90°。

右脚向后蹬出，让大腿成一条直线。此时臀部发力最大化。全程脚踝不要晃动。蹬出时吐气，还原时吸气。

屈膝会预先缩短大腿后侧肌肉，这样在动作中就会弱化大腿后侧肌肉发力，从而让臀部能够更多地参与发力。

动态动作，每组12~15次，3~4组。

Part 10

腿部训练动作

腿部占据了人体大部分的肌肉群，锻炼腿部可以促进肌肉生长，提高基础代谢率，从而消耗更多的热量，有助于减肥和塑造健康体型。

人老先老腿，随着年龄的增长，腿部肌肉会逐渐流失，导致腿部力量减弱和皮肤松弛。通过持续的腿部锻炼，可以刺激肌肉生长，延缓腿部衰老的速度，使腿部保持年轻和力量。

运动 SPORT

073 改善假胯宽和“X”形腿

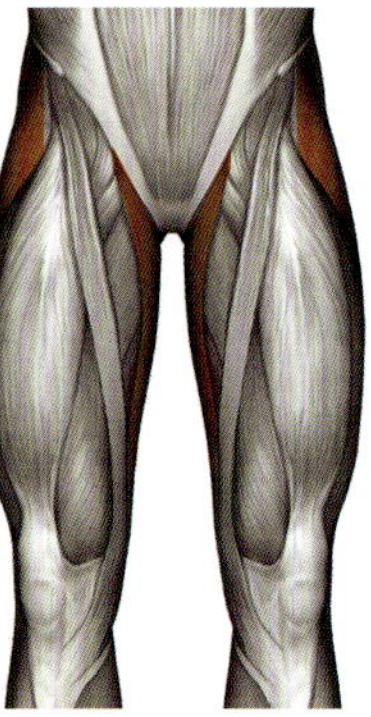

假胯宽和“X”形腿有一个共同特点就是大腿内侧肌肉紧张、髋关节不灵活。动态青蛙趴主要用于拉伸大腿和髋部肌肉，可提高身体的柔韧性和灵活性，就可以改善假胯宽和“X”形腿的问题。

练习动作1

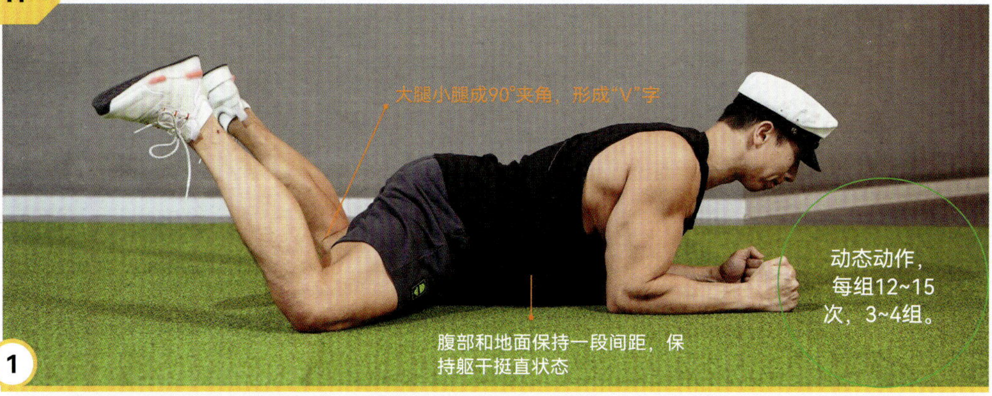

俯身，用膝盖和前臂支撑住身体。双脚脚尖指向外侧。低头收下颌。

做抬放小腿的动作，抬小腿时吐气，放小腿时吸气。此时感觉大腿内侧和髋关节有明显的拉伸感就做对了。注意双膝间距，根据个人能力，不要一味过度打开。全程低头收紧下颌。

练习动作2

静态负重压腿训练针对大腿和髋部肌肉，可增强肌肉的力量和耐力。

1

坐姿，身体坐直，左腿向前伸直，右腿弯曲，在脚踝位置垫高（合适的高度为脚踝被垫高后躯干仍能保持住正直，身体不要向后倒）。

静态动作，每组1分钟，3~4组。

2

右手提重物压在右腿膝盖处。用左手抓住右脚，坚持1分钟。动作中右腿大腿内侧要有明显拉伸感。动作中不要憋气，保持正常呼吸。左右侧交替进行。

练习动作3

1

单腿跪姿，两手向前撑地，左腿弯曲，右腿侧向伸直，右脚脚踝内侧触地。

静态动作，每组1分钟，3~4组。

2

俯身，用右腿带动脚尖一起转动，直至脚尖指向天空，感受到伸直侧腿有拉伸感即可。左右腿交替进行。

练习动作4

大腿和小腿夹角均为90°。双手撑住地面保持稳定。

在图①的基础上，将后面的腿由屈腿变为向侧向蹬直。脚跟落地，脚尖指向天空，膝关节和脚尖同方向。

脚尖不要指向斜前方。

运动 SPORT

074 1个动作多次练，改善“X”形腿

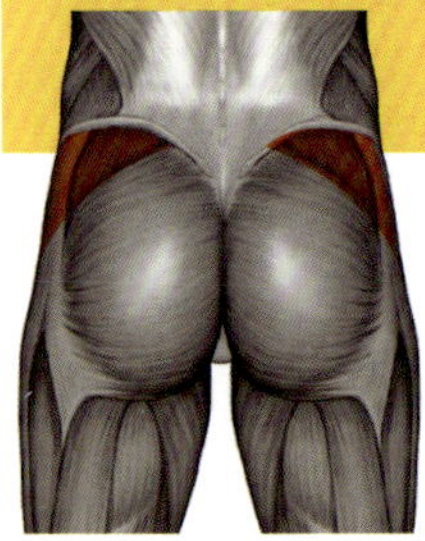

“X”形腿，也就是膝关节出现内扣，在这种情况下由于脚踝向两侧分开，会导致臀中肌不够发达，从而产生臀部下坠的问题。下面这个动作就能很好地改善这个问题。

练习动作

侧卧在垫子上，左手支撑住身体，肩肘成一条垂直线，上面腿伸直，下面腿屈膝、屈髋成90°。

动态动作，每组12~15次，3~4组。

保持足跟蹬住墙面的状态下，右腿做上下滑动的动作。动作始终保持滑动腿的膝关节指向身体前方。向上时吐气，向下时吸气。

运动 SPORT

075 解决深蹲时常见的“膝盖内扣”

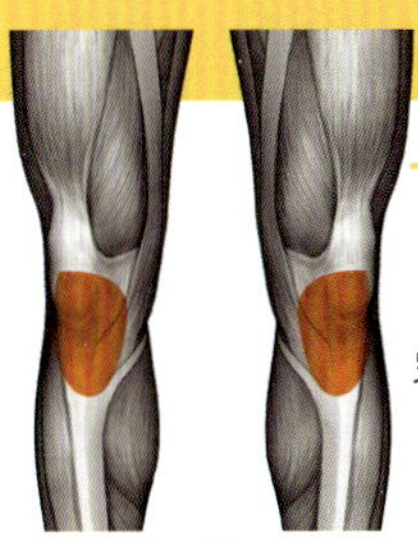

做深蹲运动时最常见的错误姿势就是膝关节出现内扣，这极其容易造成半月板韧带撕裂，进而还会影响腿型。

练习动作

膝关节内扣一般是由以下两种情况诱发：

一是大腿内外侧肌力失衡，二是足踝关节灵活性受限，胫骨前移导致膝关节内扣，或足弓支撑力不够。

针对第一种情况的解决方案：

动态动作，每组12~15次，3~4组。

膝关节上方套一个弹力圈，低头，膝盖微曲，双手叉腰。

脚掌不离开地面的前提下，做膝关节向两侧展开的动作，目的是激活大腿内外侧肌肉。打开时吐气，还原时吸气。

针对第二种情况的解决方案：

1

保持双脚脚跟都不离开地面的前提下，右腿屈膝，弯曲左腿膝盖。此时左腿的小腿有明显拉伸感。

双手扶墙时，躯干尽量保持不动，向后拉伸发力腿时，也要保持不动。

静态动作，每组1分钟，3~4组。

2

也可以用筋膜球按摩足弓。

运动 SPORT

076 改善腿部外翻

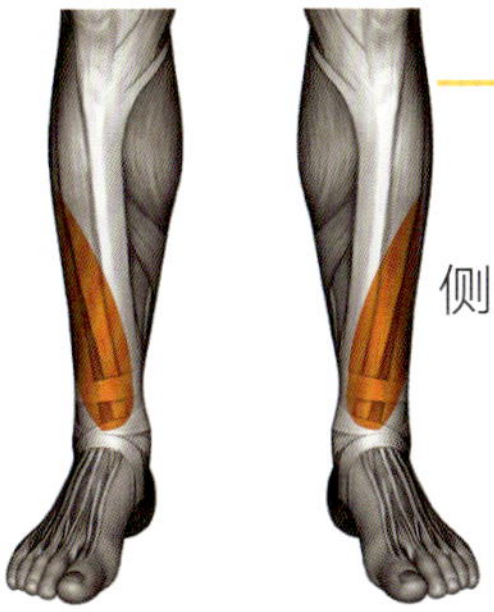

在下肢锻炼或有氧运动中，小腿长期的外旋体态导致了大腿外侧受力，这使得大腿外侧肌肉发达，从而会出现大腿外翻的情况。

练习动作

1

取坐姿，用泡沫轴放松小腿前部外侧。将泡沫轴放在小腿肚正下方，屈膝，小腿外旋，用泡沫轴从小腿下端到小腿外侧，进行按摩放松。

2

用泡沫轴在大腿外侧进行滚动按摩。

动态动作，每组12~15次，3~4组。

运动 SPORT

077 大腿前侧方突出

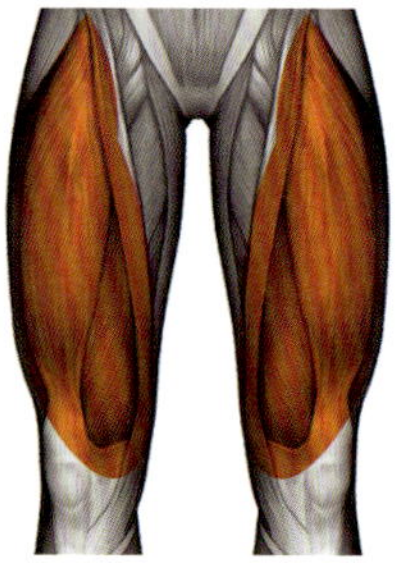

拉伸大腿可以有效预防运动中的肌肉拉伤和关节损伤，增强身体柔韧性，避免大腿肌肉结块，并且使大腿肌肉线条更美。青少年多做拉伸大腿的动作，还有助于长高。

练习动作1

弓箭步跪姿，左腿在前，右腿在后。将毛巾垫在右腿膝关节下面，右手拉住后侧腿脚踝上端。感觉大腿根部有明显拉伸感。

练习动作2

将泡沫轴放在大腿外侧来回滚动放松，以缓解大腿外侧的髂胫束（髂胫束是包绕大腿的纵行带状深筋膜，位于大腿外侧，连接髋部和胫骨）筋膜紧张。

大腿后侧拉伸：站直，做塌腰翘臀的姿势。弯腰、保持手臂伸直状态，用手指尖勾住脚尖。这样大臀后部交界线也能够被拉伸到。

大腿内侧拉伸：蹲下，向侧方伸直一条腿。伸直的腿脚尖向上，同时臀部向下坐，进一步感受大腿内侧的拉伸感。注意脚尖的方向不要向前，会造成膝盖内扣、假胯宽和膝关节卡压等问题。

静态动作，每组1分钟，3~4组。

运动 SPORT

078 不跑不跳消除大腿内侧赘肉

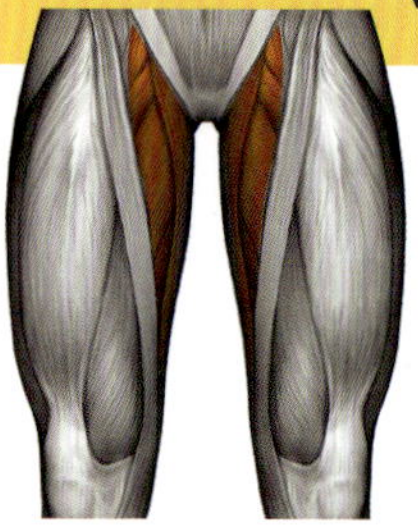

要想消除大腿内侧赘肉，侧向跨步这一动作是必不可少的，这套动作利用伸髋和伸膝，有效减少大腿内侧的赘肉。

练习动作1

1

保持站姿，左腿微曲，大腿小腿成90°夹角，脚尖指向前方。右腿向外做跨步，保证右腿膝关节和脚尖同方向，以保证膝关节安全。

2

臀部向身体后方推出，让重心落在脚跟和臀部的位置，增加大腿内侧发力感。重心左右交替，换对侧腿做同样的动作。

动态动作，每组12~15次，3~4组。

注意让膝盖和大腿成一条直线，若朝向身体内侧会对内侧副韧带造成额外的压力。

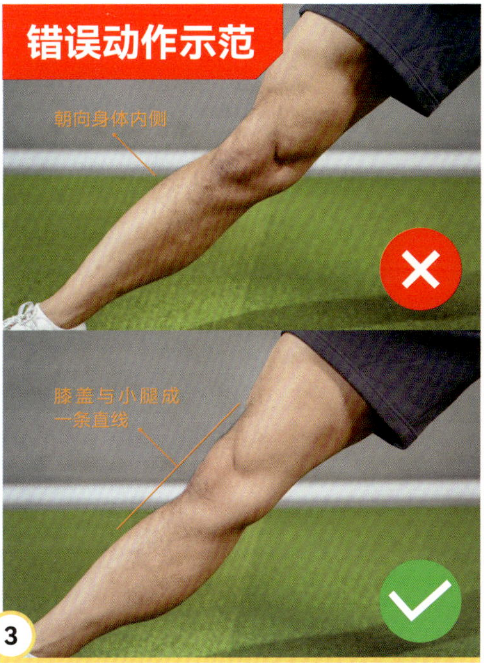

3

观察伸直的右腿，旋转大腿骨，令膝盖和小腿成一条直线。

练习动作2

1

坐在垫子上，身体正直，双腿打开，脚尖朝上。用双臂撑住身体。将弹力带套在膝盖上端。

2

左腿保持固定不动姿势，右腿的脚尖成“外八字”姿势。

3

右腿做抬起、下降的动作。注意腿部做还原姿势时不要落回地面。大腿内侧始终保持张力。抬起时吐气，还原时吸气。

动态动作，
每组12~15
次，3~4组。

练习动作3

1

俯身60°~90°，双手叉腰。双腿大腿内侧膝盖上端夹住一个弹力环。低头，收紧下颌。

2

大腿内侧用力夹紧弹力环，保持不动。

3

俯身屈髋60°～90°，坚持1分钟，感受大腿内侧明显的颤抖感。

静态动作，每组1分钟，3~4组。

运动 SPORT

079 改善小腿外翻

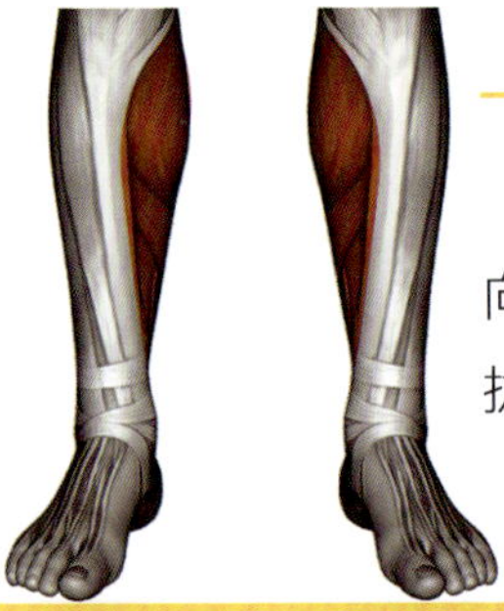

小腿外翻有两种：第一种是膝关节内扣，指小腿像括号一样向外翻转导致踝关节不能并拢；第二种是膝关节和踝关节都能并拢，但小腿依旧像括号一样向外翻。

练习动作

1

取站姿，将弹力圈套在足弓的位置上，双手叉腰。

静态动作，每组1分钟，3~4组。

用弹力圈改善小腿外翻的动作非常简单，该动作可以改善足踝关节的灵活性，并能锻炼臀部侧面肌肉，从而使锻炼者拥有完美的小腿。

2

左腿保持不动，右脚向外拉伸，并保持10秒钟。注意足踝向内翻转。拉伸幅度要超过身体纵向中线45°。

运动 SPORT

080 让脂肪型小腿更紧致

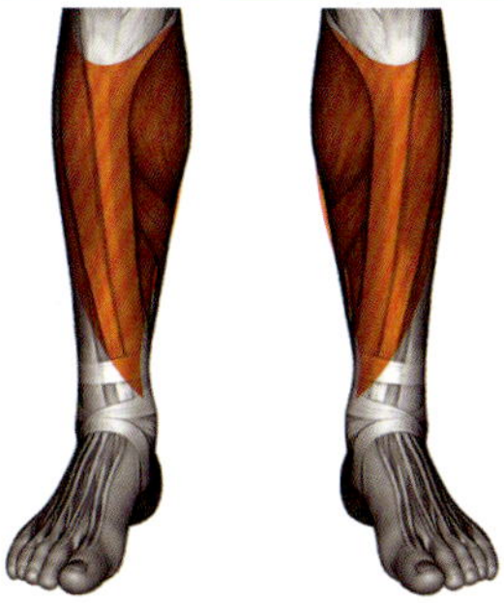

如何确认自己是脂肪型小腿——做屈膝、提踵、收紧小腿的动作，此时触摸小腿，如果小腿是软的，就是脂肪型小腿。针对脂肪型小腿可以通过锻炼小腿深层肌肉来改善。

练习动作

平躺在垫子上，双脚屈膝屈髋成90°，踩住固定物。

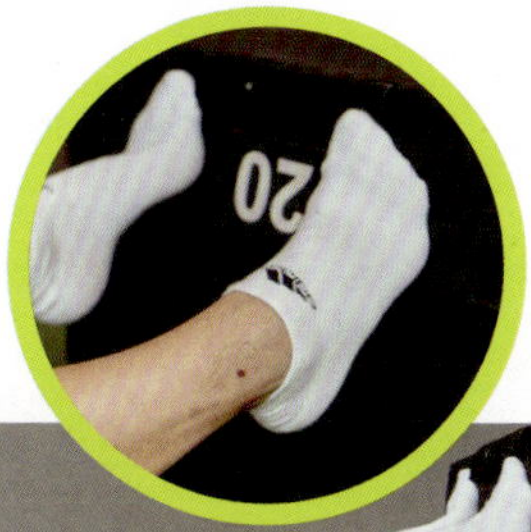

①注意不可直腿做提踵动作，这会优先激活小腿表层肌肉，导致小腿越练越粗。

②也不可在保持坐姿状态下去做提踵的动作，躺姿状态下做提踵动作且小腿高于身体水平线，可以避免小腿出现水肿问题。

做提踵动作，感受小腿有明显的酸痛、发热感。全程不要憋气。

动态动作，每组12~15次，3~4组。

运动 SPORT

081 让肌肉型小腿线条更流畅

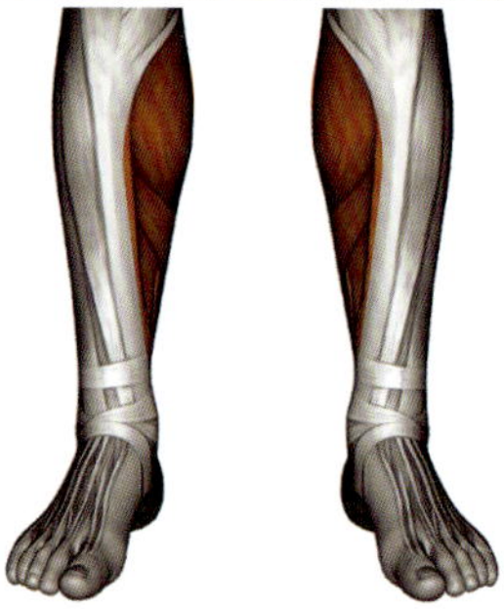

首先判断自己是否为肌肉型小腿——保持坐姿，提踵，收紧小腿，此时触摸时感到小腿是硬的，那说明就是肌肉型小腿。若你的肌肉型小腿过于粗壮，可以通过有技巧的拉伸来改善小腿线条，使之更流畅。

练习动作

1 坐在垫子上，左腿屈膝，右腿伸直，用右腿足跟抵住弹力带。

2 用手将弹力带另一端向身体方向拉紧。小腿明显有拉伸感。

3

用脚趾抓住弹力带。此时感觉足弓有发力感，小腿后侧有明显拉伸感。

静态动作，每组1分钟，3~4组。

运动 SPORT

082 让小腿线条更纤细

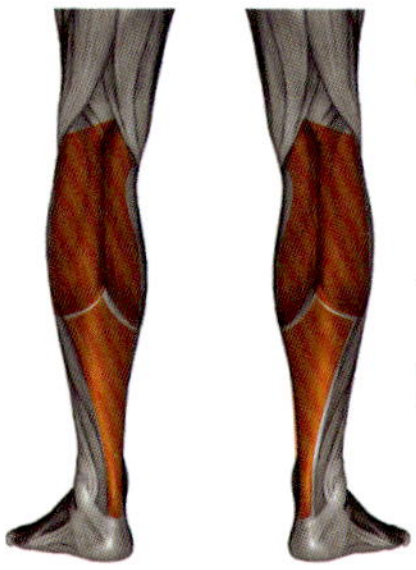

小腿肌肉分为浅层的腓肠肌和深层的比目鱼肌，腓肠肌分为内侧头和外侧头两个部分，比目鱼肌是单关节肌肉。小腿腿形不理想的人，可以针对这两块肌肉进行有针对性的拉伸练习。

练习动作1 拉伸腓肠肌（小腿表层肌肉）。

静态动作，每组1分钟，3~4组。

面向墙壁。右腿在前，左腿在后。身体重心前移，此时小腿有明显拉伸感。

脚尖向内侧和外侧，各拉伸1分钟。

练习动作2

拉伸腓肠肌（小腿深层肌肉）。

1

双手扶住一面墙，左腿在前，右腿在后。

2

弯曲膝盖，重心下降，拉伸1分钟。

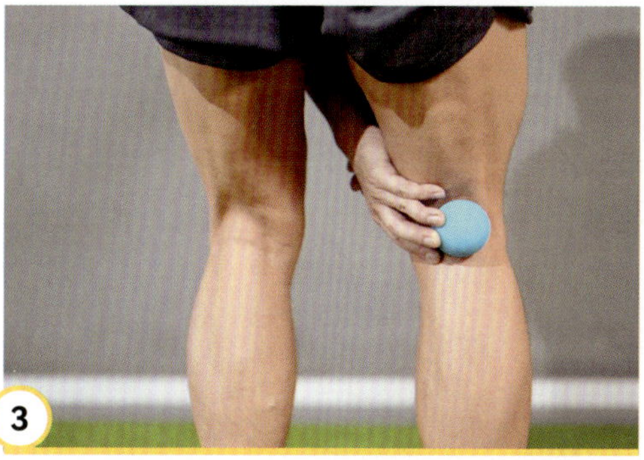

3

准备一个小球，将小球放在膝盖窝的位置。

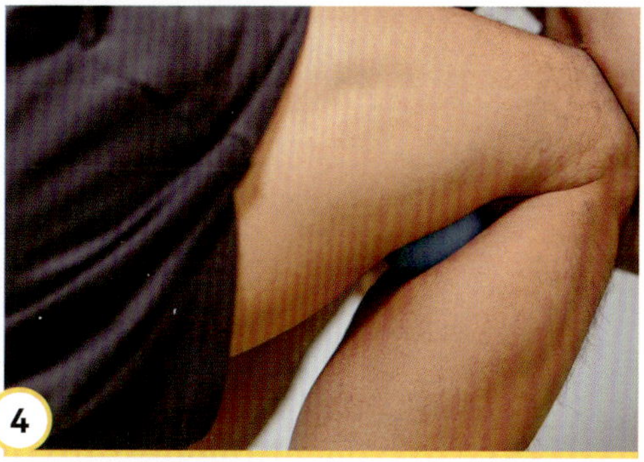

4

蹲下，拉伸30秒到1分钟即可。

静态动作，每组1分钟，3~4组。

练习动作3

拉伸小腿外侧：保持上身挺直。右腿向左腿方向跨半步，用右脚脚面小脚趾位置触地，来拉伸小腿外侧和前侧。抬高同侧手臂，身体向同侧拉伸。双腿交替进行。

拉伸小腿下端：面向墙壁，前后脚站立。伸直侧腿垫高脚尖，身体重心向前压。

拉伸小腿上端：伸直腿，垫高脚尖。身体重心向后推出。

运动 SPORT

083 打造修长笔直的腿形

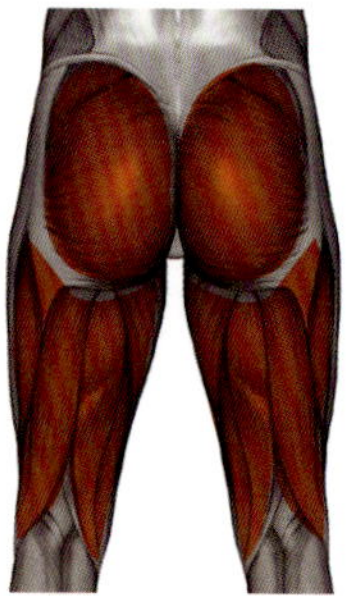

杠铃自由深蹲是锻炼腿部时最常用的动作，是一种经典的力量训练动作，主要针对大腿、臀部和核心肌。该动作由髋关节、膝关节和踝关节这三个关节共同来完成。通过正确的练习和逐渐增加重量，杠铃自由深蹲可以帮助你打造出修长笔直的双腿。

练习动作

1

扛起杠铃时，杠铃要放在斜方肌的位置。注意不要放在颈部，否则很容易受伤。

2

扛起杠铃时要挺胸，夹紧后背。注意腰部不可过度反弓，不然会增加下背部压力。

不可低头，双眼要目视前方。低头会让重心向前。站距略宽于肩宽，便于保持身体平衡。全程动作脚跟踩实地面。

附录：器械介绍

跳箱

跳箱是一种体操和健身训练中常用的辅助器材，形状像箱子，略呈梯形，高度可调节。

跳箱主要用于提高跳跃能力、腿部力量、平衡能力和协调性。在健身训练中可以当做固定物使用。

健身球

健身球由橡胶或乳胶材料制成，具有良好的弹性和耐用性。其尺寸多样，适合不同身高和锻炼需求的人群，还能全面锻炼身体的各个肌肉群，包括胸、腹、背、臀、腿等。

坐姿髋外展器

坐姿髋外展器是一种带有能控制髋关节内收、外展功能的健身器械，可允许髋关节自由屈曲、伸展。主要通过外展髋关节的动作来锻炼臀中肌、臀小肌等肌肉群，同时也有助于增强下肢的稳定性和力量。

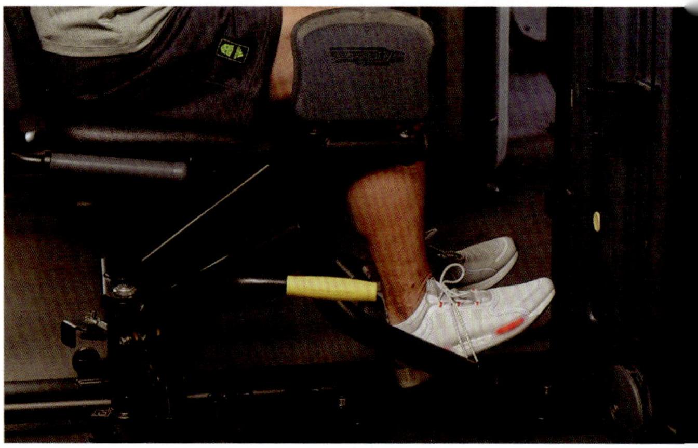

坐姿划船机

坐姿划船机是一种以训练为目的，模拟水上赛艇运动的机器。坐姿划船机对腿部、腰部、上肢、胸部、背部的肌肉增强有较好的作用。每划一次，上肢、下肢、腰腹部、背部在过程中都会完成一次完整的收缩与伸展，达到全身肌肉有氧练习效果。作为高强度的有氧运动，坐姿划船机能有效提升心肺功能，提高力量和耐力。

平板杠铃卧推凳

平板杠铃卧推凳是专为平板杠铃卧推设计的训练器材，其设计旨在提供稳定的支撑，帮助训练者更好地完成仰卧推举动作。平板杠铃卧推凳能够负荷使用者的身体重量以及哑铃或杠铃的重量，为训练者提供一个安全、稳定的训练平台。通过调整凳子的角度，可以满足不同训练需求，如针对上胸、中胸或下胸的特定训练。

下斜板杠铃卧推凳

下斜板杠铃卧推凳是一种具有向下倾斜角度的卧推凳，通常倾斜角度在20°~40°，专为下斜杠铃卧推设计。通过调整凳子的倾斜角度，使训练者的身体处于向下的倾斜状态，从而更好地刺激和锻炼胸大肌下部。同时，下斜杠铃卧推还能锻炼到肱三头肌和三角肌前束，使胸部肌肉得到更全面的锻炼。

图书在版编目（CIP）数据

精准健身：正确动作雕出完美线条 / Golden 高超编著 . -- 北京：中国轻工业出版社，2024. 12. -- ISBN 978-7-5184-5139-5

I . G883

中国国家版本馆 CIP 数据核字第 2024C69P58 号

责任编辑：卢　晶　　　责任终审：劳国强
整体设计：奥视读乐　　责任校对：晋　洁　　　责任监印：张京华

出版发行：中国轻工业出版社（北京鲁谷东街5号，邮编：100040）
印　　刷：北京博海升彩色印刷有限公司
经　　销：各地新华书店
版　　次：2024年12月第1版第1次印刷
开　　本：710 × 1000　1/16　印张：14
字　　数：250千字
书　　号：ISBN 978-7-5184-5139-5　　定价：78.00元
邮购电话：010-85119873
发行电话：010-85119832　传真：85119912
网　　址：http://www.chlip.com.cn
Email：club@chlip.com.cn

231551S2X101ZBW